中国人文之旅

西安

宣庆坤　赵子游　编著

时代出版传媒股份有限公司
安徽科学技术出版社

图书在版编目(CIP)数据

中国人文之旅.西安 / 宣庆坤,赵子游编著.--合肥:
安徽科学技术出版社,2016.10(2024.3重印)
ISBN 978-7-5337-6864-5

Ⅰ.①中⋯ Ⅱ.①宣⋯②赵⋯ Ⅲ.①旅游指南-西
安市 Ⅳ.①K928.9

中国版本图书馆 CIP 数据核字(2015)第 306702 号

ZHONGGUO RENWEN ZHI LU XIAN
中国人文之旅 西安

宣庆坤 赵子游 编著

出 版 人:王筱文　　　选题策划:王 勇　　　责任编辑:王 勇
责任校对:刘 凯　　　责任印制:梁东兵　　　封面设计:数码创意
出版发行:安徽科学技术出版社　　　　http://www.ahstp.net
　　　　(合肥市政务文化新区翡翠路 1118 号出版传媒广场,邮编:230071)
　　　　电话:(0551)63533330
印　　制:永清县晔盛亚胶印有限公司　　　电话:(0316)6658662
(如发现印装质量问题,影响阅读,请与印刷厂商联系调换)

开本:710×1010　1/16　　印张:15　　字数:280 千
版次:2016 年 10 月第 1 版　2024 年 3 月第 2 次印刷

ISBN 978-7-5337-6864-5　　　　　　　　定价:78.00 元

秦川八百里，上下五千年。自古帝王州，屈指数长安。长安、长安，岁月静好，喜乐长安。曾经的长安已在梦中，而今这个城市叫做西安。

古罗马哲人奥古斯都说过，"一座城市的历史就是一个民族的历史"。西安，这座永恒的城市，就像一部活的史书，其一幕幕、一页页记录着中华民族的沧桑巨变。早在100多万年前的旧石器时代，以西安的蓝田猿人为代表揭开了人类文明的一页。到六七千年前的新石器时代，先民们在此建造了村落——半坡村，成为中国母系氏族公社繁荣时期的典型代表。西安的建城史已有3100多年。历史上周、秦、汉、唐等十三个王朝在此建都，历时1100多年。中国意为"中央之国"，中国的中心之点或叫大地原点，就在西安，难怪"秦中自古帝王州"！秦始皇在此建造了中国建筑史上的杰作阿房宫，在骊山建造了规模巨大、埋藏极为丰富的历史宝库秦始皇陵；在汉唐时期，西安就是中国政治、经济、文化和对外交流的中心，是当时人口最早超过百万的国际大都市。"西有罗马，东有长安"是西安在世界历史地位的写照。至今，西安与世界名城雅典、开罗、罗马齐名，同被誉为"世界四大文明古都"。西安无愧于"华夏文明的发源地"这一称号。

深厚的历史文化积淀和浩瀚的文物、古迹、遗存使西安享有"天然历史博物馆"的美称。秦始皇陵兵马俑坑被誉为"世界第八大奇迹"，秦始皇陵是最早列入世界遗产名录的中国遗迹，明代古城墙是至今世界上保存最完整、规模最宏大的古城墙遗址。市内有6000多年历史的半坡遗址，有明代建立的藏石碑三千多块、被誉为"石质历史书库"的碑林博物馆，有文物储藏量居全国之最的陕西历史博物馆，有唐代著名高僧玄奘法师译经之地大雁塔，还有西北历史最长的——化觉巷清真大寺等驰名中外的景点。

西安，同样是美食聚集的地方，大大小小的食肆遍布街头巷尾，常常让人垂涎欲滴。回民街是必去之地，因为那里集中了西安最有名的特色小吃和土特产。最出名的美食当属牛羊肉泡馍，老孙家、同盛祥和老米家是响当当的老字号；凉皮也是西安的一大特色；肉夹馍是来到西安的首选名吃，既可口又实在。

来西安，除了在城墙间游走，吃羊肉泡馍，拜谒秦皇陵，参观兵马俑，还有一件必做的事情就是去易俗社听苍凉秦腔。这古老朴实的调调吼出了陕西人的血性，也吼出了八百里秦川的大气。当铿锵的锣鼓响起，高亢的腔调唱起，观者的思绪才会飞得更远。只有在这时，秦时明月、周室礼乐和历经千载的汉唐风韵才会变得生动清晰。西安，秦腔，是生长在同一片水土上的同胞兄弟。要想真正了解西安，了解关中大地，须真正听懂这荡气回肠、粗犷火爆的腔调。

西安，就是这样一个充满神奇和活力的地方，她虽然没有杭州的柔美，没有南京的婉约，没有北京的大气，却有着令人着迷的古朴与厚重。厚重的文化，厚重的历史，厚重的故事，厚重的感情，甚至连天上悠游的浮云，也显得更加安定。就像是一幅古画，泛黄却不暗淡，也像一坛陈酒，历久却弥香。或许历史已永远地留在过去，但刹那的气势磅礴却凝成了今天西安的永恒。

目 录
CONTENTS

第1章　长安帝都有遗风

秦始皇兵马俑——历史的震撼　　　　　　2

秦始皇陵——神秘的地下皇宫　　　　　　4

西安古城墙——千年历史回音壁　　　　　7

陕西历史博物馆——华夏珍宝库　　　　　10

华清池——一曲《长恨歌》千古咏唱　　　13

汉长安城遗址——沉睡的都城　　　　　　16

隋大兴唐长安城遗址——繁华尽处　　　　18

阿房宫——天下第一宫　　　　　　　　　20

兴庆宫——唐玄宗与杨贵妃的故事　　　　22

鸿门宴遗址——楚汉争霸传奇的见证　　　26

半坡遗址——6 000年前先民的生活　　　31

第2章　烟歌长安，大唐盛世

大唐芙蓉园——梦回大唐　　　　　　　　36

大唐不夜城——最炫美的盛唐天街　　　　40

西安唐乐宫——仿唐歌舞　金碧辉煌　　　42

大明宫——东方圣殿　　　　　　　　　　44

第3章　古韵幽情,书香满路

西安碑林 —— 书法艺术的宝库　　　　　48

关中书院——墨香宝地　古韵今情　　　　51

西安钟楼——一楼讲述一段历史　　　　　54

西安鼓楼——重槌之下　声闻于天　　　　57

高家大院——百年古宅闻书香　　　　　　60

第4章　探寻长安宗教遗迹

大雁塔·大慈恩寺——最华丽的佛寺　　　64

化觉巷清真大寺——浓郁的中国风　　　　69

大学习巷清真大寺——古老与厚重　　　　72

小雁塔·荐福寺——聆听祈福的钟声　　　75

大兴善寺——深厚的历史文化底蕴　　　　79

香积寺——幽深静谧　闲淡雅致　　　　　82

华严寺——人间的华严天堂　　　　　　　85

草堂寺——高僧鸠摩罗什的归宿　　　　　88

广仁寺——藏传佛教圣地　　　　　　　　91

都城隍庙——全国三大城隍庙之一　　　　94

净业寺——清幽净心之所　　　　　　　　99

兴教寺——一代法师的长眠之地　　　　　103

罔极寺——尊重佛教　心怀感恩　　　　　106

水陆庵——"第二敦煌"　　　　　　　　109

八仙庵——祭祀神仙的地方 112

楼观台——风光秀丽的道教仙地 116

青龙寺——日本人心目中的圣寺 120

卧龙寺——清净空灵的道场 123

湘子庙——韩湘子的居所 126

重阳宫——王重阳隐修之地 128

第5章　红色记忆,革命情怀

"西安事变"纪念馆——历史在这里转折 132

八路军西安办事处——革命圣地 136

西安革命公园——革命精神永难忘 139

第6章　文化古都的街头韵味

回民街——真正的美食天堂 142

书院门——古色古香的文化街 145

化觉巷古玩街——欣赏古玩的好去处 149

骡马市步行街——百年商业老街 151

东大街——悠久历史熏陶的繁华之地 153

西大街——仿唐一条街 155

第7章　西安那些不得不吃的美食

西安饭庄——风味小吃大杂烩 158

德发长——饺子的盛宴 160

同盛祥——吃牛羊肉泡馍的首选之地 162

春发生——令人流口水的葫芦头泡馍 164

老孙家饭庄——吃羊肉泡馍的好去处 166

贾三灌汤包——天下清真第一笼 168

樊记腊汁肉——千年回味　唇齿留香 171

子午路张记肉夹馍——好吃又管饱 173

老白家水盆羊肉——西安有名的水盆羊肉 174

魏家凉皮——韵韵秦风飘满香 176

葫芦鸡——无与伦比的美味鸡 178

枸杞炖银耳——高级滋补名羹 180

口蘑桃仁余双脆——玲珑剔透 181

奶汤锅子鱼——沸汤涌涌　鱼香满锅 183

酿金钱发菜——好运吃出来 185

三皮丝——皮脆肉嫩　清爽可口 187

石子馍——古老的饼 189

黄桂柿子饼——令你垂涎的点心 191

甑糕——吃在嘴里　甜到心里 193

金线油塔——丝丝心动 195

镜糕——街头的甜蜜 197

油茶麻花——便宜又养人　　　　　　199

蜂蜜凉粽子——清凉一夏　　　　　　201

酸菜炒米——不容错过的炒饭　　　　203

荞面饸饹——营养丰富的粗粮美食　　204

肉丸胡辣汤——暖暖的清真早餐　　　206

锅盔——耐吃、充饥的民间小吃　　　207

秦镇凉皮——最好吃的凉皮　　　　　209

遛遛面——面条像裤带　　　　　　　211

第8章　老西安的风土民情

听秦腔——吼不尽的民间艺术　　　　214

看皮影戏——灯影里唱千年　　　　　217

学说地道陕西话——土得有味道　　　220

户县农民画——黄土地上的奇葩　　　222

西安古文化艺术节——精美的文化盛宴　224

附录

8条最值得推荐的西安自助游线路　　226

第 1 章

长安帝都有遗风

秦始皇兵马俑 —— 历史的震撼

秦始皇兵马俑以其巨大的规模、威武雄壮的军阵和高超的技艺震撼中外，被誉为"世界第八大奇迹"。

1974年，西安市临潼区村民在打井时发现了破碎的俑片，从此揭开了一个深埋地下的巨大军阵，使沉睡了两千多年的秦始皇兵马俑展现在人们面前。1979年国庆节，规模宏大的秦始皇兵马俑博物馆开始向国内外参观者展出。古城西安由于有了秦始皇兵马俑博物馆，很快就成了我国最重要的旅游城市之一。国内外游人纷纷慕名而来。

秦始皇兵马俑博物馆坐落在距西安37千米的临潼县城东，南倚骊山，北临渭水，气势宏伟，是全国重点文物保护单位。

兵马俑坑在秦始皇陵东侧约1 500米处，已先后发掘一、二、三号3个坑。3个坑呈"品"字形排列。一号坑规模最大，呈长方形，东西长230米，南北宽62

兵马俑

陶马

米，深约5米，总面积14 260平方米，埋有约6 000个真人大小的兵俑，目前已出土1 000多个。坑东端3列步兵俑面向东方，手执弓弩类远射兵器，是前锋；中间是38路主体纵队；南北两侧和西端各有1列分别面南、面北和面西的横队，是军阵的翼卫和后卫。在这个巨大的方阵中，我们能感受到雄才大略的秦始皇指挥千军万马攻打天下的气势，杀声震天、战车嘶鸣，将士金戈铁马，令人慨叹万千。

6 000平方米的二号坑坐西朝东，是能近距离观察秦俑的地方，为骑兵、步兵、弩兵和车兵混合组成的大型军阵。四个兵种组成四个方阵，分别为弩兵俑方阵、驷马战车方阵及战车和步骑兵俑混合长方阵和骑兵俑方阵。四个方阵有机结合，进可以攻，退可以守，严整有序，无懈可击。

最小的三号坑面积约520平方米，这里只出土了68件陶俑，却是统领一号坑和二号坑的军事指挥部。

兵马俑刚出土时局部还保留着鲜艳的颜色，出土后便全部氧化，现在能看到的只是残留的彩绘痕迹。作为我国古代的艺术宝库，兵马俑带给我们栩栩如生的秦人神韵，浑厚健美，形象生动，神态逼真，可谓千人千面。兵马俑坑内出土的青铜兵器有剑、矛、戟、弯刀，以及大量的弩机、箭头等，虽然埋在土里2 000多年，却依然刀锋锐利，闪闪发光，表明当时已经有了很高的冶金技术，可以视为世界冶金史上的奇迹。

秦兵马俑的发现被誉为"二十世纪考古史上伟大的发现之一"，并得到法国前总理希拉克的高度赞扬："世界上有了七大奇迹，秦俑的发现，可以说是八大奇迹了。不看金字塔，不算到埃及，不看秦俑，不算到中国"。

门票信息： 秦始皇陵与兵马俑合并，旺季150元（3月1日—11月底）；淡季120元（12月1日—次年2月底）。

开放时间： 全天开放。

交通导航： 秦始皇陵博物馆距离西安约35千米，可在西安火车站乘游5专线（306路）、915路、914路到达。自驾车：自驾车时可沿西潼高速公路前行，行程24千米，到达临潼区，前行三公里，即为秦始皇陵，继续前行4千米，即到秦兵马俑博物馆；可驾车沿西临公路行驶。总行程42千米，需时90分钟。

秦始皇陵——神秘的地下皇宫

秦始皇陵是中国第一座皇帝陵园，其以规模宏大、埋藏丰富著称于世，是我国劳动人民勤奋和智慧的结晶，是一座历史文化宝库。

秦始皇陵也叫骊山园，是中国历史上第一个规模庞大、设计完善的帝王陵寝。规模巨大、陪葬物丰富，高居历代帝王陵之首，是最大的皇帝陵。秦始皇陵南依层层叠嶂、山林葱郁的骊山，北临逶迤曲转、似银蛇横卧的渭水之滨。高大的封冢在巍巍峰峦环抱之中与骊山浑然一体，景色优美，环境独秀。陵墓规模宏大，气势雄伟。

据史书记载，秦王嬴政13岁登基就开始营建陵园，工程前后可分为三个施工阶段：自秦王即位开始到统一全国为陵园工程的初期阶段；从统一全国到秦始皇三十五年，是大规模修建时期；自秦始皇三十五年到秦二世二年冬，为工程的最后阶段，主要是陵园的收尾工程。秦始皇陵修建时最多用刑徒72万人，历时39年仍未最后完工，这不得不说是人类历史上空前浩大的工程。

陵园遵循古代"事死如事生"的丧葬礼制原则，仿照秦国都城咸阳的布局建造。秦始皇陵地下宫殿是陵墓建筑的核心部分，位于封土堆之下。《史记》记述陵墓"穿三泉，下铜而致椁，宫观百官奇器珍怪徙藏满之。令匠作机弩矢，有所穿近者辄射之，以水银为百川江河大海，机相灌输，上具天文，下具地理，以人鱼膏为烛，度不灭者久之"，给世人留下了无限遐想的空间。秦陵封土象征着皇帝居住的宫城，围绕封土有内外两重城垣，呈南北向的长方形，内城垣周长3 870米，外城垣周长6 210米。内外城四面均有城门，并且有阙楼建筑。内外城郭有高8～10米的城墙，内城里面修建了堂皇的地下宫殿，顶上有用明珠做的日月星辰，地下布置了用水银做的江河湖海，今尚残留遗址。墓葬区在南，寝殿和便殿建筑群在北。

秦陵地宫

秦始皇嬴政

　　陵园相当于78个故宫的大小，以封土堆为中心，四周陪葬品众多，内容丰富、规模宏大。除了人尽皆知的兵马俑陪葬坑和铜车马坑之外，还包括有新发现的大型石质铠甲坑、百戏俑坑和文官俑坑以及陪葬墓等，总共有600余处。

　　秦始皇陵共10座城门，内垣南门与南北城门位于同一中轴线上。陵园的中心部分在坟丘的北边，东西北三面皆有通向墓室的墓道，东西两侧有4座建筑遗存。有部分专家研究表明，其为寝殿建筑的一部分。

　　埃及金字塔是世界上最大的地上王陵，中国秦始皇陵是世界上最大的地下皇陵。秦王朝是中国历史上辉煌的一页，秦始皇陵更集中了秦代文明的最高成就。秦始皇陵作为一处典型的古代帝王陵墓遗址，也是陕西唯一一处世界级文化遗产，不仅具有历史文化价值，更是一种民族精神的象征。守护、传承秦始皇陵遗址及其文化内涵，是今人独有的荣耀和沉甸甸的责任。

秦陵地宫一角

门票信息： 秦始皇陵与兵马俑合并，旺季150元（3月1日—11月底）；淡季120元（12月1日—次年2月底）。

开放时间： 秦陵内共有5层，1—4层无时间限制，均可自由进出。5层开放时间为15：00—16：30；22：00—23：30。

交通导航： 公交：秦始皇帝陵博物院距离西安约35千米，可在西安火车站乘游5（306路）、915路、914路到达。自驾车：自驾车时可沿西潼高速公路前行，行程24千米，到达临潼区，前行3千米，即为秦始皇陵，可驾车沿西临公路行驶。总行程42千米，需时90分钟。

西安古城墙——千年历史回音壁

西安城墙不仅是保存得最完整的中国古代城垣，也是世界上现存规模最大、最完整的古代军事城堡设施。历经千年，依旧稳固如山，见证了王朝兴衰。

西安古城墙位于西安市中心区，是明代初年在唐长安城皇城的基础上建起来的，呈长方形，墙高12米，底宽18米，顶宽15米，东墙长2 590米，西墙长2 631.2米，南墙长3 441.6米，北墙长3 241米，总周长11.9千米。有东长乐门、西安定门、南永宁门、北安远门四座城门，每个城门都由箭楼和城楼组成。

作为千年古都的西安，曾历代多次修葺城墙，至今虽部分已经消失在历史中，但这座城墙的历史仍可追溯到隋代。

西安古城墙是明太祖朱元璋采纳朱升的"高筑墙、广积粮、缓称王"建议，在隋唐皇城的基础上修建的。围绕"防御"战略体系建立，城墙的厚度大于高度，固若金汤，墙顶部完全可以跑车和操练。城墙包括护城河、吊桥、

西安古城墙上

宽阔的西安古城墙

闸楼、箭楼、正楼、角楼、敌楼、女儿墙、垛口等一系列军事设施。城墙自建成后历经三次大的整修：明、清时各有一次，新中国建国后政府在1983年对城墙又实行大规模的修缮。现如今的西安城墙不但恢复了原有的历史风貌，而且与护城河及美丽的环城公园一起焕发神采，成为西安市旅游景点之一。游览西安古城墙，不仅可以了解古代战争，还对城市建设及建筑艺术都具有深刻意义。西安古城墙从隋唐至今已有1400年历史。在漫长的历史岁月里，城门发生种种变化。细数这些城门的名称来历，也反映出了古城的兴衰历程。城门由南门起，依次为朱雀门、小南门、含光门、西门、玉祥门、北门、尚德门、中山门、东门、建国门、和平门、文昌门。

南门：西安城门中历史最久、沿用时间最长的一座城门，始建于隋初（582年）。起初是皇城南面三座门中偏东的一座，叫安上门。唐末韩建缩建新城时留作南门。明代更名为永宁门。它是现今西安城墙各门中复原最完整的城门之一，但原设计没有箭楼。现今它已成为文物了。

北门：建于明代，正式名称为安远门。辛亥革命时期，起义军进攻满城，战火中北门城楼被毁。1983年整修城墙时，修复了原来的箭楼。

东门：建造明城墙时构筑了东门，正式名称为长乐门。明末李自成率起义军由东门攻入西安时，看到城门匾额上题写"长乐门"三字，对身边将士说："若让皇帝长乐，百姓就要长苦了。"将士们听后，愤愤不已，烧毁了城楼，直到清代时才重新修建。"西安事变"前，张学良曾在东门城楼上组建教导队和学兵队。现如今东门旧址已被重新修复，并被作为西安事变的纪念地。

西门：西门为唐皇城西面中门，唐末韩建缩建新城时有幸保存下来。在明代城墙扩建时位置略向南移，名为安定门。

朱雀门：朱雀门是唐长安皇城的正南门，门下是城市中央的朱雀大街。隋唐时，这里经常被皇帝用来举行大型庆典活动。隋王朝统一中国时，隋文帝曾在城楼上检阅大军。唐末韩建缩建新城时，城门封锁。1985年西安城墙重新修建时，朱雀门遗址被发掘。如今所见、所用的朱雀门位于遗址西侧，于1986年启用。

西安古城墙夜景

门票信息： 40元。

开放时间： 全年开放。

交通导航： 从火车站可就近从尚德门游览城墙。游客一般多从南门登城游览。乘坐11路、12路、16路、23路、26路、29路、31路、35路、36路、40路和游7路公交在南门站下车即到。

陕西历史博物馆——华夏珍宝库

陕西历史博物馆集合了中国历史上十三个朝代的恢弘，展示了陕西历史文化和中国古代文明，被誉为"华夏珍宝库"和"中华文明的瑰丽殿堂"。

三秦大地为中华民族繁衍生息、华夏民族文明的诞生和发展的重要地区之一，中国历史上辉煌的周、秦、汉、唐等十三个王朝就曾在这里建都。因为有众多的文化遗址、深厚的文化底蕴，所以逐渐形成了特有的陕西历史文化风貌。享有"古都明珠、华夏宝库"美称的陕西历史博物馆更是一座充分展示陕西历史文化和中华民族古代文明的艺术殿堂。

早在1973年，周恩来总理陪同外宾来西安参观设在碑林的陕西省博物馆时就指出，陕西文物很多，展室狭小，在适当时候新建一个博物馆，地点可选在大雁塔附近。

1991年6月20日，按照周总理的遗愿建成并正式开馆的陕西历史博物馆，无论是博物馆的建筑、内部设施，还是陈列的展品等各方面皆为高水准，可以说是我国博物馆之最。它是由我国著名女建筑师张锦秋设计的，建筑群为"中央殿堂、四隅崇楼"的唐风，主次井然有序，高低错落有致，气势宏伟，将民族传统、地方特色和时代精神融为一体，充分反映了一个博大、辉煌的时代风貌，不仅将13朝古都的帝王气势体现出来，而且通过将传统园林和民居的设计融为一体的手法呈现在世人眼前。

陕西历史博物馆馆区占地65 000平方米，建筑面积55 600平方米，文物库区面积8 000平方米，展厅面积11 000平方米。馆藏文物有370 000余件，上至远古人类初始阶段使用的简单石器，下至1840年前社会生活中的各类器物。文物不仅数量多、种类全，而且品位高、价值广。其中的商周青铜器精美绝伦，历代陶俑千姿百态，汉唐金银器独步全国，唐墓壁画举世无双：可谓琳琅满目、精品荟萃。除了常规陈列外，馆内还经常不定期举办各种形式的专题陈列和临时展览。

陕西历史博物馆外景

陕西古文明展示

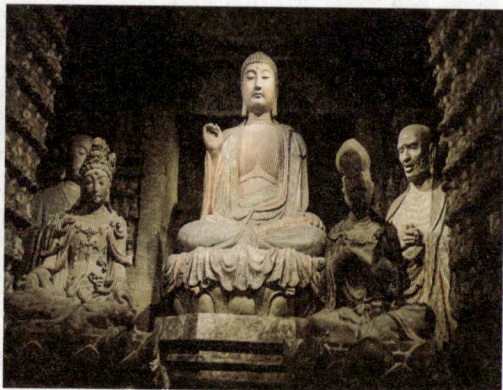
陕西历史博物馆中的钟山石窟复制件

　　陕西历史博物馆从多角度、多侧面向广大观众揭示历史文物的丰富文化内涵，展现华夏民族博大精深的文明成就。同时，博物馆人以开放的姿态走出国门，将灿烂辉煌的中华文明、光彩夺目的三秦文化呈现给世界各国人民。

门票信息： 免费。

开放时间： 冬季（11月15日至次年3月15日）9：0—17：30（16：00停止发票），夏季（3月16日至11月14日）8：30—18：00（16：30停止发票）。周一全天闭馆整修（国家法定节假日除外）。

交通导航： 乘坐5路、19路、24路、26路、27路、30路、34路、401路、521路、527路、610路、701路、710路、游6路、游8路等公交在翠华路（陕西历史博物馆）站下车即到。

华清池 —— 一曲《长恨歌》千古咏唱

推荐星级：★★★★★

华清池，亦名华清宫，西距西安30公里，南依骊山、北面渭水。自古就是游览沐浴胜地，尤以唐明皇与杨贵妃缠绵的爱情故事和震惊中外的"西安事变"而蜚声天下。

　　华清池是一座皇家宫苑，位于唐华清宫遗址之上。地理位置优越、山水风光旖旎、温泉千百年来流淌不尽，深受历代帝王的青睐。

　　据史书记载，这里温泉约在3000年前的西周时代被发现。汉代时也曾在此建造帝王贵族的行宫别墅。因唐代建有富丽堂皇的"华清宫""华清池"而得名。经历代战争，原来的建筑都已不复存在。现在的建筑都是按照历史记载的布局于1959年重建的。自古以来，华清池为游览胜地。华清池温泉以芳香凝脂、动人故事名冠诸泉之首，有"天下第一御泉"的美称。公元747年—757年每年十月至次年暮春，唐玄宗都会带杨贵妃姐妹驾临华清宫避寒游乐。"春寒赐浴华清池，温泉水滑洗凝脂。侍儿扶起娇无力，始是新承恩泽时"便是唐代大诗人白居易对杨贵妃被赐在华清宫内沐浴的真实写照。华清池温泉也因此而名闻天下，为世人所向往，成为与古罗马卡瑞卡拉浴场和英国的巴思温泉齐名的"东方神泉"。

　　华清池温泉共有4处泉源，在一石券洞内，现有的圆形水池，半径约1米，水清见底，蒸汽徐升，脚下暗道潺潺有声，温泉出水量每小时达113吨，水无色透明，水温常年稳定在43℃左右。四处水源眼中的一处发现于公元前11世纪一前771年，其中三处是新中国成立后开发的。水中含多种矿物质和有机物质，有石灰、碳酸钠、二氧化硅、氧化铝、硫黄、硫酸钠等多种矿物质。骊山温泉、千古涌流，不盈不虚。温泉水不仅适于淋浴，同时对关节炎、皮肤病等都有一定的疗效。

　　华清池大门上挂有郭沫若先生题写的"华清池"匾额。进了大门就见两株高大的雪松昂然挺立，两座宫殿式建筑的浴池左右相对，往后是新浴池，由新

华清池

华清池一景

浴池往右行，穿过龙墙便是九龙湖，湖光潋滟，亭台倒影，柳条垂岸，湖东岸是宜春殿，北岸的飞霜殿为主体建筑；沉香殿和宜春殿东西相对，西岸是九曲回廊。这些古式建筑金碧辉煌，错落有致。由北向南过龙石舫，再经晨旭亭、九龙桥、晚霞亭，便到了仿唐"贵妃池"建筑群。

杨贵妃专用的"海棠汤"池因平面呈一朵盛开的海棠花而得名。"星辰汤"是专供唐太宗李世民沐浴的汤池。在"星辰汤"后面还有温泉古源。另外还有专供太子沐浴的"太子汤"。"尚食汤"则是专供尚食局官员沐浴的汤池。

"莲花汤"是玄宗皇帝沐浴的地方，池形如莲花，是一个可浴可泳的两用汤池，充分显示了至高无上、唯我独尊的皇权威严。池底一对进水口曾装有双莲花喷头同时向外喷水，并蒂石莲花象征着玄宗、贵妃的爱情。

华清池在中国现代革命史上也有重要的地位，震惊中外的"西安事变"就发生在此。华清池内至今仍完好地保留着当年蒋介石行辕旧址五间厅，后面骊山的半腰间虎斑石处即为"兵谏亭"。走出望湖楼，向右可沿着一条砖砌的台阶上行，直登苍翠葱绿的骊山游览。

2007年4月推出了大型实景历史舞剧《长恨歌》。伟大诗人白居易把唐明皇与杨贵妃的爱情故事写成了千古流传的《长恨歌》，这个哀婉动人、缠绵悱恻的爱情故事，就发生在盛唐时期骊山脚下的华清宫……当年，唐明皇李隆基爱

华清宫

华清宫芙蓉园

慕天生丽质、倾国倾城的杨玉环，召其入宫，赐为贵妃。花容月貌、能歌善舞的杨贵妃沐浴海棠汤、慵睡芙蓉帐、醉酒玉楼宴、曼舞长生殿，与明皇情深意长。安禄山叛乱后，唐明皇携贵妃逃至马嵬坡，被众将士所逼而赐死杨贵妃。贵妃香销玉殒，唐明皇肝肠寸断。"安史之乱"平息后，唐明皇回到长安城。在无限的惆怅与悲怜中梦回蓬莱，与贵妃在月宫相会。二人泪眼执手，互诉相思，恩恩爱爱，再续姻缘。

大型实景历史舞剧《长恨歌》，以"两情相悦""恃宠而骄""生离死别""仙境重逢"等四个层次十幕情景，演绎了这段动人的爱情故事。

如今的华清池，名山胜水更显奇葩，自然景区一分为三，东部为沐浴场所，设有尚食汤、少阳汤、长汤、冲浪浴等高档保健沐浴场所，西部为园林游览区，主体建筑飞霜殿殿宇轩昂，宜春殿左右对称。园林南部为文物保护区，千古流芳的骊山温泉就在此。

门票信息：3月1日—11月31日，旺季价格110元；12月1日—次年2月底，淡季价格80元。

开放时间：旺季7：00—18：00，淡季7：30—18：30。

交通导航：西安火车站东广场乘坐306路旅游专线车直达景区。

汉长安城遗址——沉睡的都城

汉长安城遗址是西汉时期的都城遗址，作为统一的大帝国的首都，长安城是当时全国的政治、经济、文化中心，同时也是中国历史上第一个国际大都会。

　　汉长安城遗址是西汉时期的都城遗址，现为全国重点文物保护单位。汉长安城是中国历史上第一座规模庞大、居民众多的都城。在西汉时期，作为首都的长安城是当时全国政治、经济和文化的中心。

　　汉高祖元年（前202年），刘邦下令于渭河以南、秦兴乐宫的基础上重修宫殿，命名为长乐宫；太祖三年（前200年）又命萧何建造未央宫，同一年由栎阳城迁都至此，因地处长安乡，故命名为长安城。自汉惠帝元年（前194年）起，开始修筑城墙。惠帝三年春（前192年），修建工程达到巅峰，先后征招累计14万人筑墙，至惠帝五年秋（前190年）城墙方完工。汉武帝继位后，对长安城进行大规模扩建：兴建北宫、桂宫、明光宫等；于城南开设太学；在城西扩充秦朝所留下的上林苑；开凿昆明池、筑建章宫等。至此，经过近百年的兴建，汉长安城的规模始告齐备。

汉长安城遗址

　　汉长安城遗址位于距西安市西北郊约3千米的汉城乡一带，其形状为不规则的长方形。四面城墙除东城稍直外，其余三面均有曲折。南城墙在修筑时，沿着已修好的长乐宫和未央宫营建，使南墙东半部向内收缩，这就使之呈现出南斗六星的形状。

　　汉长安城的城墙高大稳固，汉惠帝前后用了5年时间修筑成功。至今地表东南埂尚较完整，残存的墙体最高达8米。墙体全部以夯土版筑而成，宽厚结实，夯层清晰可辨，高大稳固的城墙和护城壕构成了汉长安城的防御体系。汉长安城四面有3座城门，每座城门都依据严格的规制设计。主要建筑是目前保存遗址的未央宫前殿，位于城的西南部，又称西宫，为当时朝廷正式的朝会之所。它利用龙首原的高台作殿基，体现出封建帝王至高无上的威严和地位。

　　汉长安城在中国古代都城史上具有重要地位和承上启下的作用。汉长安城布局上所表现出的崇"方"思想、"择中"观念、规整的城门配置制度、棋盘式道路网、"面朝后市"和"左祖右社"的格局等方面在中国古代都城布局中有着典型意义，影响非常深远。

　　中国近几十年来，对汉长安城遗址的研究工作从未停止，也陆陆续续出土和发现了很多珍贵的文物，它们具有很高的历史价值和研究价值。随着汉长安城遗址的发掘，探明了汉代长安城的布局和结构，为研究中国古代都城史提供了重要的实物资料。1961年，汉长安城遗址被中华人民共和国国务院评为全国第一批"重点文物保护单位"之一。

门票信息： 免费。

开放时间： 全天开放。

交通导航： 乘坐403路、518路公交车到罗家寨下车可到。

隋大兴唐长安城遗址——繁华尽处

隋大兴唐长安城遗址是隋唐两代的都城遗址，唐长安城是在隋大兴城的基础上扩建而成，成为当时世界上最大的国际大都会之一。

　　隋大兴唐长安城是隋唐两代的都城，始建于唐开皇二年（582）。唐建国后仍以大兴城为都城，多次修筑，并扩建了大明宫、兴庆宫等。

　　隋大兴唐长安城在总体设计上，是以中轴对称原则规划出来的。整体结构严谨、规划整齐，可以说是曹魏邺城和北魏洛阳城布局的发展和完善作品。其中风光旖旎的芙蓉园和曲江池与都城巧妙融合于一体，不仅美化了城市，而且也提供了游览之所，是古代城市规划建设中的一大创新和突破。

　　隋朝修建大兴城时，不仅社会稳定，经济繁荣，而且文化、教育事业兴盛，反映出了隋朝短暂的繁荣景象。它的建立是我国当时科学文化水平高度发展的标志之一。唐长安城的经济、文化较之隋代大有发展，作为丝绸之路的起点，长安城是当时世界上最大的国际都会之一。

　　隋大兴唐长安城遗址位于西安市城区。城平面呈长方形，总面积达83.1平方千米。总体按中轴线对称布局，由外郭城、宫城、皇城三部分组成，并设有东、西二市，城垣规模宏大，建筑雄伟，城内百业兴旺。宫城和皇城位于外郭城北部的中央，各坊建立在宫城、皇城的左右和皇城以南，东、西两市也分别分布在皇城的东南和西南两边，并且东、西对称。

　　东市和西市为长安城中的两个商业区。东市隋称为"都会市"，西市隋称为"利人市"。现如今研究表明，东市和西市的平面皆呈长方形，且四周有版筑夯土墙，每个市的面积占两坊之地。

　　唐长安城三大宫的太极宫、大明宫和兴庆宫分别位于城内北部正中、城东北和东部。整个都城街道宽敞，规划整齐，布局严密，堪称中国古代都城的典范。

　　历年来，隋大兴唐长安城遗址内除完整保留唐代的大、小雁塔外，发掘的城门、宫殿、官署、寺庙、道路、水渠等遗址，窖藏和文物出土点上百处，出土金银器、铜器、琉璃器、珠宝、金银币等2 000余件。其中金银器达270件，是迄今出土唐代金银器数量最多的一次。其中以大明宫、青龙寺、西明寺、兴庆宫的考古收获最大。

　　其中青龙寺为长安城名寺遗址，坐落在陕西西安铁炉庙村北，即唐长安城新昌坊内，于1972和1980年被发掘。此寺原为隋灵感寺，是佛教密宗教派的根本道场，唐后更名为青龙寺。如今寺庙遗址已被破坏，东西两座院落遗址并列坐落于西北部。如今青龙寺在中外文化交流史上扮演者举足轻重的角色，唐天宝以后，日本等国僧人陆陆续续来到中国学习密教，几乎都到青龙寺求法。青龙寺寺址的发掘，实际上也为研究唐代寺院布局填补了一些空白。

　　隋大兴唐长安城在中国都城发展史上占有特殊的地位。特别是长安城的形制，不但是中国古代城市的典型，也影响了邻近国家都城的形制。因此，对长安城的研究，是很有意义的。

门票信息： 免费。

开放时间： 全天开放。

交通导航： 乘坐3路、5路、603路等多趟公交车均可到达。

阿房宫——天下第一宫

推荐星级：★★★★★

阿房宫是秦朝的宫殿，遗址在距今陕西省西安市西郊15千米处的阿房村一带。据史书记载，其始建于公元前212年，为全国重点文物保护单位。

阿房宫、万里长城、秦始皇陵和秦直道并称为"秦始皇的四大工程"。它是秦朝统一后修建的天下朝宫，历经2 200年风吹雨打，如今依旧英姿勃发，震撼世人。

秦始皇统一六国后，秦都咸阳人数骤增。公元前212年，秦始皇下令在渭河之南的上林苑中修建阿房宫。在70万刑徒历经5年日夜不间断的劳作后，阿房宫的前殿建筑基本修建完成了。但随着公元前206年秦朝的灭亡，阿房宫修建工作被迫停止，并未完全建成。

阿房宫遗址在今陕西省西安市西郊15千米的阿房村一带，为全国重点文物保护单位。目前考古探明，阿房宫前殿遗址东西长1 270米，南北宽426米，高7～9米，面积约54.4万平方米。1992年经联合国教科文组织实地勘察，确认阿房宫遗址在宫殿类建筑中名列世界第一，属世界奇迹。

据《史记·秦始皇本纪》记载："前殿阿房东西五百步，南北五十丈，上可以坐万人，下可以建五丈旗，周驰为阁道，自殿下直抵南山，表南山之巅以为阙，为复道，自阿房渡渭，属之咸阳。"其规模之大，劳民伤财之巨，可以想见。秦始皇死后，秦二世胡亥继续修建。唐代诗人杜牧在《阿房宫赋》中写道："覆压三百余里，隔离天日。骊山北构而西折，直走咸阳。二川溶溶，流入宫墙。五步一楼，十步一阁；廊腰缦回，檐牙高啄；各抱地势，钩心斗角。"可见阿房宫确为当时非常宏大的建筑群。西楚霸王项羽军队入关以后，移恨于物，将阿房宫及所有附属建筑纵火焚烧，使之化为灰烬。

阿房宫遗址全景

　　流传至今的《阿房宫赋》不但使阿房宫尽人皆知，也使其成为全世界最著名的千古谜团之一，使各国游者至此。实际上，依据现有考古证据，阿房宫其实尚未修建完成，并且考究表明所谓的"项羽火烧阿房宫"也只是历史误传。现如今的考古人员在对阿房宫遗址的考古和挖掘中表明阿房宫并未发现焚烧的痕迹。而对于这座著名宫殿当时究竟为何取名"阿房"，"阿房"的真正含义又是什么，至今只能说仍是个没有定论的历史之谜。

门票信息：38元。

开放时间：9：00—18：00。

交通导航：乘坐302路、521路、630路公交车可到。

兴庆宫——唐玄宗与杨贵妃的故事

推荐星级：★★★★★

兴庆宫是唐玄宗时代的国家政治中心所在，也是唐玄宗和杨贵妃爱情成长和他们长期居住的地方，宫内建有长庆轩、花萼相辉楼和沉香亭等建筑物。

兴庆宫，为唐长安城三大宫殿之一，古时位于长安外郭东城春明门北侧隆庆坊。现址位于西安市碑林区和平门外咸宁西路北，坐落在百年名校西安交通大学北门外，原为唐玄宗登基前的藩邸。武则天大足元年（701年）李隆基为藩王时，与其兄长宋王等兄弟五人居住于此，称为"五王子宅"。李隆基登基后，于开元二年（714年）七月，五王献宅为宫，其后近四十年间经三次大规模的扩建修葺而成。

李隆基登基后，为唐玄宗（唐明皇）。为避名讳，将隆庆坊改称为兴庆宫；又因其位于大明宫南面，所以称之为"南内"。宫城之内，以隔墙分为两部分，北部为宫殿区，有兴庆殿、大同殿、南薰殿等建筑；南部为以兴庆池为中心的风景园林区，周围有勤政务本楼、花萼相辉楼、沉香亭等建筑。兴庆宫以夹城复道，北通大明宫，南达曲江芙蓉园。宫内楼阁耸峙，花木扶疏，湖光船影。开元十六年（公元728年）玄宗由大明宫移入此宫居住听政，这里逐渐成为开元、天宝时期的政治活动中心。唐玄宗与杨贵妃的故事也发生在这里。

在安史之乱时，兴庆宫遭到严重破坏。之后，兴庆宫也失去了政治上的重要地位，成为安置太上皇玄宗之处。到了宋代，兴庆宫成为众人春日游赏之地，元、明两代也吸引着不少文人雅士来此泛舟赋诗唱和。清代龙池干涸。新中国成立后，西安市政府于1958年在原兴庆宫的遗址上修建了一座集文化娱乐与遗产保护于一体的西安市兴庆宫公园。

公园设计用大写意的手法，泼墨挥洒，取西北高而东南低之势，三山植林木，湖中立三岛，以龙池为中心，在郁郁葱葱、山水相依之中，按原兴庆宫的方位，布设了沉香亭、花萼相辉楼、南薰阁、长庆轩、日本遣唐使"阿培仲麻吕"纪念碑、五龙坛等景点。

阿倍仲麻吕纪念碑

五龙坛

沉香亭是因其全用上等的沉香木建筑而成，而得此美名。沉香亭周围栽种着各色牡丹、芍药。据说，玄宗李隆基和杨贵妃每年都会在此赏花，并且还在此召见过著名诗人李白，并命他作诗咏牡丹花开。

凌空高筑在公园的中央大岛上，仿唐建筑艺术风调而成，其四角攒顶形式，上盖碧色琉璃瓦，下面朱柱挺立，雕梁画栋，刻门凿窗，玲珑剔透，金碧辉煌，优美壮丽，可以说是园内最精致的一座亭子。

登高置身亭上，可远眺湖西花萼楼、湖北南薰阁和西山叠石；北山丛林，龙池碧波，充满诗情画意。凭栏俯视亭下西南角的牡丹台，形似牡丹花花形，上植各色牡丹，花开时节这里牡丹吐芬斗艳，游人如织，男男女女熙熙攘攘好

兴庆宫中的彩云间景区

不热闹。临亭北山之上，松柏常青葱郁，樱花竞开；待建的"太白诗亭"将展现以浩瀚唐诗为题材的书法、国画，给人以古雅之感。昔日专供帝王、妃子玩赏的禁园，今天却成了普通群众游憩观赏的乐园。

长庆轩坐落在公园南大门东侧，与沉香亭隔水相望，周围散座有芙蓉岛、鸳鸯桥、七曲桥，以及竹石、垂柳、花树等，侧依翠竹山，旁临龙池水，是一组精巧玲珑、高低错落、层次分明、唐色古调的新建筑，屋南以竹丛为主，配植有松树、梅花、大芭蕉，其间点缀山石，形成"岁寒三友"的意境；屋北角亭立于水边，钓鱼平台伸入水中，与湖面融为一体，自然谐趣。此轩取名按唐时"长庆殿"的原意，改轩接友，寓意与各国友谊源远流长。

兴庆湖位于公园中央，占地10万平方米，约占全园总面积的五分之一，也是兴庆宫公园的第一景。兴庆湖是在唐兴庆宫龙池原址上修建而成的。据史籍记载，唐玄宗常与嫔妃、大臣们在此泛舟，吟诗作对。

兴庆湖

　　兴庆宫公园历经风雨五十余载，主要景点也在不断翻新修葺，园内风光旖旎，一派生机。这里每年都会举办各种文化交流活动和花卉展出，使整座公园焕发出新的活力和青春的光彩。这充分体现了它不仅是一座名胜古迹，更是一座"文化展厅"。人们在这里游览历史遗迹，回顾千年沧桑，在观赏中回味盛唐的灿烂文化、美丽传说。兴庆宫不仅以它丰富的历史文化内涵和优美的园林风光吸引着中外游人，也是西安当地人假日游玩的首选之地。

门票信息： 公园免费开放（园内的一些游乐项目另行收费）。

开放时间： 9：00—19：00。

交通导航： 乘坐教育专线、7路、45路、402路到"兴庆公园"站下车即到；乘坐8路、27路、37路和游10（903）路等到兴庆公园北门站下车即到；乘坐228路、237路、240路等到兴庆公园东门站下车即到。

鸿门宴遗址——楚汉争霸传奇的见证

鸿门宴遗址南倚骊山、北临渭河。相传项羽、刘邦的"鸿门宴"故事就发生于此。这里有项王营、楚汉争霸展厅、楚汉之争塑像群等景观，生动再现了楚汉争霸的场景。

公元前207年西楚霸王项羽设宴意图杀害刘邦，这就是著名的"鸿门宴"事件。据传，秦末项羽与刘邦力争天下，刘邦率先进入关中，击败了秦军，俘虏子婴，驻军灞上；但实力雄厚的项羽却后于刘邦进入关中，并驻军鸿门。公元207年，项羽听手下的谋士范增献计，意欲在鸿门设宴，引刘邦前来赴宴，企图在宴会上杀害刘邦，于是就上演了著名的一幕"鸿门宴"。我们所熟识的著名典故"项庄舞剑，意在沛公"就是指这段故事。

这次宴会在秦末农民战争及楚汉战争中皆具有重要影响，被认为间接促成了项羽葬身乌江，以及刘邦建立汉朝。后人也常用"鸿门宴"一词比喻不怀好意的宴会。

鸿门宴遗址全景

鸿门宴遗址

鸿门宴遗址内景

鸿门宴遗址位于临潼区新丰镇鸿门堡村，南依骊山，北临渭河，地处潼关通向长安之要道。遗址前横有1千米长的峭塬，中间像刀劈似的断为两半，南北洞开，犹如城门，鸿门因此而得名。走进门内，映入眼前的是一平台，台中就是秦末西楚霸王项羽为争夺天下而设宴邀请刘邦的著名"鸿门宴"遗址。

如今的鸿门宴遗址用青砖砌成，杏黄色威武的帅旗在十米高的旗杆上飘扬着，遗址北面建有一座蒙古包似的军帐，军帐门口高高挂起一面"楚高军旗"。帐内是现今人们尽量模拟当时宴会时的场面，军帐皆由玻璃钢制成，里面塑有"项庄舞剑、樊哙闯帐、沛公逃席、范增长叹"等各个经典场面，将当时鸿门宴上的紧张气氛淋漓尽致地呈现在后人眼前。

鸿门宴遗址内的景观有项王营、封王殿、霸王井、虞姬井、楚汉争霸展厅、楚汉之争塑像群等九处，是至今中国国内唯一一处保留较为完整的秦汉古战场遗址。

项王营

　　项王营因项羽兵驻鸿门而得名。项王营景区与鸿门宴遗址分开收门票，其实它们只有一墙之隔，并且有地下通道将两者相连接，可以从项王营城门进入鸿门宴遗址。这里地势险要，易守难攻，所以是历代兵家必争之地。

　　关于项王营最早的记载见西汉司马迁《史记·项羽本记》中："函谷关有兵守关，不得入。又闻沛公已破咸阳，项羽大怒，使当阳君等击关，项羽遂入，至于戏西。"戏西，即现在的鸿门堡。这里对楚汉争霸具有十分重要的意义，扣人心弦的酒宴之后，项羽坐失良机，一步步酿成了不可逆转的历史性悲剧。2000多年的时间已经过去了，这里依然流传着项王营、跑马岗、饮马泉的故事。修复后的项王营占地33 000平方米，建筑面积14 600平方米，一座拔地而起的古城堡象虎卧山巅；60面战旗席卷风雨硝烟，60盏古灯照耀着军营兵寨。在这易守不易攻的用兵重地上，经过多年修建与美化，松林成荫，古木参天，青竹秀叶，红花染枝，雀鸟鸣林，鱼跃池畔。

位于项王营西南方，有两眼水井，一眼叫霸王井，一眼叫虞姬井。其中霸王井用五根柱圆顶草棚建造，井位于草亭内。而虞姬井的草亭呈四柱方顶格式，表示男单女双，天圆地方之意。关于霸王井的来历在民间是这样传说的：当年楚军攻破函谷关军至戏下，驻鸿门堡村，项羽为将士吃水问题愁容不展。一天夜里，他幸受神仙指点，用冲天戟挖出三十余丈的水井，井水清冽甘甜，水源来自瑶池的琼浆玉液。这眼井在隋唐时期已在民间开始食用，井水能使男子增强阳刚之气，常饮此水能壮骨强筋，活血化瘀，消除疲劳，恢复体力。虞姬井相传是虞姬的环形金簪化成的。后来项王垓下被围，虞姬舞剑自刎，她的血又飞溅到这眼井中，更使井水醇美甘甜。在北宋年间，一丑妇饮用此水后，变得窈窕秀丽，后生一子，聪明绝顶，中了状元。此后，人们皆知饮用这井水能使女性焕发青春，有保健美容之效，并可增添女性阴柔之美。这眼井是虞姬用真挚爱情化成的甘泉。

与城门东西对应约200米处，一座巨型雕塑"项王举鼎"特别引人注目。雕塑后景是一棵百年空心大皂角树，在苍老弯曲的古树衬托下，雕塑显得格外古朴古远。整个雕塑工艺精细，比例适中，浑然一体。充分体现了青铜大鼎力不可撼动和项王的力大无比。"项王举鼎"是力的象征，雕塑通体回荡着力的主旋律。 雕塑底座右侧有南宋大诗人李清照的名作："生当作人杰，死亦为鬼雄。至今思项羽，不肯过江东"。底座背面介绍了"项王举鼎"的真实含意。

从"项王举鼎"向北进木制栅门，一座面东坐西的豪华殿宇"寝宫"显得十分神秘。殿内的议事厅用现代科技艺术，栩栩如生地再现了项羽与他的几名心腹人物亚父范增、季父项伯、堂弟项庄正在商讨封王中的有关大事。

楚汉争霸的故事流传了两千年。至今想起项羽的英雄气概和刘邦的处心积虑，仍觉得硝烟未散，令人心中不免为那场斗智斗勇的争霸感叹不已。

鸿门宴遗址一角

　　刘邦、项羽争天下的结果不只影响了历史的格局，也创造出了许多典故以警醒后人，同时留下了许多美丽的传说。

门票信息： 旺季30元（3月—11月）；淡季20元（12月—2月）。

开放时间： 8：00—17：00。

交通导航： 从西安乘开往临潼方向的长途车可以到达。

半坡遗址—— 6 000年前先民的生活

推荐星级：★★★★

西安半坡遗址即半坡遗址博物馆，是中国第一座史前聚落遗址博物馆。在这里，您既能看到人类童年时代的纯朴，也能寻觅到中华先民的足迹。

　　陕西地处黄河中游，是中华民族的发祥地之一。在这片美丽的土地上孕育了中华民族灿烂的历史文化。早在远古时代人类就在这里繁衍生息，创造了多姿多彩的史前文化，为后世留下了丰富的文化遗产。

　　40多年来，文物考古工作者通过不断的大量调查和发掘，在陕西境内已经发现和挖掘了上千处新石器时代的遗址和数万件文物。

半坡遗址俯瞰图

半坡遗址位于陕西省西安市东郊灞桥区浐河东岸，它是黄河流域一处典型的新石器时代仰韶文化母系氏族聚落遗址，距今5 600～6 700年之间。于1953年春天在此发现，遗址总面积约为50 000平方米。中国科学院考古研究所组织了近200名考古工作者，在1954年9月到1957年夏季在此前后进行了5次大规模挖掘工作，前后挖掘了近4年时间，挖掘出的遗址面积约10 000平方米，并获得了大量珍贵的科学研究资料，推进了半坡文化的研究进程。这里总共发现房屋遗迹45处、圈栏2处、窖穴200多处、陶窑6座、各类墓葬250座（其中成人墓葬174座、幼儿瓮棺73座）以及半坡时期的生产工具和生活用具等近万件文物。

1958年，中国第一座史前遗址博物馆建成，它是在半坡遗址上建成的。当时除了建造文物展室外，还在3 000平方米的原始村落居住区内盖上了保护大厅。 半坡遗址中的房屋、地窖、灶坑、男女分葬的集体墓地、各种生产及生活用品等遗迹遗物，无不在向我们生动地展现了距今6 000多年前处于新石器时代仰韶文化母系氏族社会繁荣时期的先民生产与生活状况。这一发现对研究中国原始社会历史和新石器时代仰韶文化都有着重要的科学价值。该馆于1958年4月1日正式对外开放，迄今已接待中外游客2 000多万人次。

半地穴式房屋居住风格是半坡居民的特征。现今的半坡遗址的大门具有原始村落风格，鱼池中央站立着一位正在汲水的美丽的半坡姑娘石雕，并且在遗址大厅正面题有郭沫若先生的"半坡遗址"四个苍劲俊秀的大字，让人们产生一种回归自然、回归历史、回归艺术的真切情感。

半坡遗址分三个区，分别是居住、制陶、墓葬区。其中的居住区是村落的主体。因为半坡人属于新石器时代，所以使用的工具主要是木制和石器。它因是母系氏族社会，妇女是半坡人中主要的生产力，所以制陶、纺织、饲养等家都由她们承担，而男人则多从事渔猎活动。

半坡博物馆的陈列展览总面积约4 500平方米，分为出土文物陈列、遗址大厅和辅助陈列三部分。

西安半坡遗址博物馆大门

　　出土文物陈列由第一展室和第二展室组成，两个陈列室陈列的是从遗址中发掘出来的生产工具和生活用品。可分为石器类、骨器类和陶器类。主要展出半坡遗址和姜寨遗址出土的原始先民使用过的生产工具、生活用具和艺术品等，包括石斧、石铲、石刀、刮削器、敲砸器、箭头、磨盘、纺轮、骨锥、骨刀、骨针、鱼钩、渔叉、陶钵、陶盆、陶碗、陶罐、陶甑以及尖底瓶等。此外，还有陶哨、人头、鸟头、兽头等艺术品和一些装饰品，在半坡遗址出土的二十二种刻画符号也展示在陈列室中。出土文物陈列室运用了电子虚拟和幻影成像等现代化声光电的科技手段，动静结合、图文并茂地再现了半坡远古居民创造的灿烂文化。新增设的半景画展厅，用虚实结合的手法，在河流和田野之上运用声光电技术逼真地模拟了电闪雷鸣、日月星辰，真实地再现了半坡人战天斗地的生活、劳作场面。

遗址大厅为3 000平方米，是原始村落的一部分，其房屋建筑早期是半穴式，即一半在地下，以坑壁为墙露出地面的一半盖上了屋顶，这种房屋既低矮又潮湿。到了原始社会晚期，才在地面砌墙，并用木柱支撑屋顶，这种直立的墙体及带有倾斜的屋面，已形成了后来我国传统房屋建筑的基本模式，这在当时可算是了不起的创举。从遗址中还可以看到一条长300多米、深约5米、宽约6米的大鸿沟：这是护卫村落，使其不受外来部落的侵犯、防止野兽突然袭击的防御工事。遗址中还能见到公共的墓地，有的墓地上放着瓮罐，瓮罐上边盖着陶盆，陶盆中间钻有一小孔，人死后尸骨放在瓮罐中，小孔的作用是让死者的灵魂进出方便。遗址中还有储藏物品的地窖和公共仓库等。这些使用过的窖穴、陶窑、墓葬等先民遗迹，生动而具体地展现了我们祖先开拓史前文明的艰难足迹。

辅助陈列有第三、第四两个展室，主要用来举办一些与史前学相关的专题性展览。这些融知识性、趣味性和艺术性为一体的展览受到了中外游客的广泛称赞和欢迎。

半坡遗址以历史遗存、遗迹和大量实物向人们揭示了6 000多年前的半坡先民的社会组织、生产生活、经济形态、婚姻状况、风俗习惯、文化艺术等丰富的内涵，将珍贵的遗产从地下搬到地上，立体地再现了人类母系氏族社会，弘扬了华夏悠久的文化历史，荟萃了黄河流域史前艺术、风俗人情、民居的生活习俗。

门票信息：旺季65元，淡季45元。

开放时间：8∶00—17∶00。

交通导航：乘坐15路、406路、913路公交在半坡博物馆站下车即到（由钟楼、鼓楼出发则乘15路公交车）。

第 2 章

烟歌长安，大唐盛世

大唐芙蓉园 ——梦回大唐

大唐芙蓉园是首家唐文化主题公园，位于陕西省西安市曲江新区。这里不仅有气势恢弘的皇家古典建筑，还是全国最大的人工雕塑群落。

　　芙蓉园在历史上是久负盛名的皇家御苑。而今天的大唐芙蓉园成了中国第一个全方位展示盛唐风貌的大型皇家园林式文化主题公园。它以"走进历史、感受人文"为背景，向世人展示了大唐盛世的灿烂文明！

　　当我们走进大唐芙蓉园时，首先感到的是大气和华丽。20万平方米水面的湖光景色，加之气派的皇家园林古典建筑群，足以使人做一次回归大唐的美梦。

大唐芙蓉园大门

　　大唐芙蓉园位于西安城南的曲江新区，修建于原唐代芙蓉园遗址所在地，与大雁塔遥遥相望。据历史记载，西安曲江文化源远流长，她，兴起于秦汉，繁盛于隋唐。秦时，利用曲江地区原隰相间、山水景致优美的自然特点，在此开辟了著名的皇家禁苑——宜春苑、乐游原，使曲江成为上林苑的重要组成部分；隋朝，大兴城倚曲江而建，并以曲江为中心，营建皇家禁苑芙蓉园，使曲江成为都城的一部分。芙蓉园的性质也由秦汉都城郊外的离宫别馆，转变为隋朝都城中的皇家园林。唐代，曲江进入了繁荣兴盛的时期，辟建了皇家禁苑——芙蓉苑（也称芙蓉园），并修建了紫云楼、彩霞亭等重要建筑。著名的曲江流饮、雁塔题名、杏园探花宴、万民乐游曲江等故事都发生在此地，历史上曾有近百位帝王游驾于曲江。曲江，是中国古代园林及建筑艺术的集大成者，被誉为中国古典园林的先河之一。

　　大唐芙蓉园内有紫云楼、仕女馆、御宴宫、芳林苑、凤鸣九天剧院、杏园、陆羽茶社、唐市、曲江流饮等众多景点。各个景点每天都会上演各种精彩绝伦的节目，有祈天鼓舞、"教坊乐舞"宫廷演出、"艳影霓裳"服饰表演、少林武术表演、舞狮、高跷、杂技等等，可以带给你无尽的惊喜欢乐。每当夜幕降临，芙蓉园内华灯齐放，璀璨多姿，亭台楼阁美轮美奂，仿佛梦回盛唐之绚烂光华。

　　紫云楼是大唐芙蓉园的主题楼，气势恢宏。历史上，每逢曲江大会，皇帝则登临此处，在欣赏歌舞、赐宴群臣之际，凭栏观望园外万民游曲江之盛况，与民同乐；而园外民众则雀跃争相以一睹龙颜为快。它展示出了"形神升腾紫云景，天下臣服帝王心"的唐代帝王风范。在紫云楼可以观赏到全球最大的水幕电影《大唐追梦》，它集音乐喷泉、激光、水雷、水雾、焰火为一体，带给人震撼的感觉。

　　凤鸣九天剧院位于紫云楼之南，是一个蕴含盛唐风韵的现代化皇家剧院。剧院内装修金碧辉煌，给人以荡气回肠之感，体现了庄重奢华的皇家风范。在这里可以欣赏到大型诗歌舞剧《梦回大唐》，它恢宏大气，如梦亦幻。舞台上流光溢彩的灯光，精致的华服，妖娆的舞姿，优美的音乐无不将你带回那个美丽富饶的大唐盛世。

园内的唐诗峡是一处总长度为120米、以表现唐诗为主题的充满文化底蕴的独特景观。在诗峡摩崖之上镌刻着许多由著名书法大家书写的精选唐诗。将相关的大唐榜书、中国印、瓦当图案等多种文化形式和诗峡山势完美结合在一起，别有韵味。雕塑人物共有19个，他们围绕唐代诗歌内容及著名诗人活动典故，组成了12组不同的故事情景。从这里沿路走过，游客每次抬头看向崖壁都能读到耳熟能详又脍炙人口的古诗，让您现实地领略到唐代诗文的神韵。

"诗魂"是我国目前使用石材最多的大型群雕，位于大唐芙蓉园东南的茱萸台上，雕塑人物共有25个，最高立像高达9米。其中的人物有代表浪漫主义高峰的李白、现实主义的杜甫、田园山水派诗人王维和贴近民间大众生活的白居易等。通过诗人形象、诗人活动和诗人诗作内容的情景再现的展示方式，体现出唐诗在唐代文学中的极高地位和让后世无法企及的唐代文学艺术。更让游客在观赏雕塑艺术的同时，感受到这些诗人的旷世风采和唐诗的内在精髓。

陆羽茶社以唐代"茶圣"陆羽命名，是园林庭院式的仿唐建筑群。其中的建筑均安排于开放式水体庭院中，并把水引入庭院，通过曲廊画桥连接，运用园林艺术的借景、置景手段，营造出浓绿深荫、轻风微波、水色宜人的意境。陆羽茶社不仅展示唐代茶道文化，还是一处使人感受闲情逸致、领略自然的人文景观。

"丽人行"群雕位于大唐芙蓉园芙蓉池北岸，共21个人物。取杜甫名篇《丽人行》"三月三日天气新，长安水边多丽人"之诗意，以唐代仕女上巳节游春踏青的民俗风情为素材，塑造出不同阶层的仕女形象。这21个人物自由地设置在水边、草坪、花丛、林间，分为"欣喜踏青图""骑马游春图""轻歌曼舞图""湔衣戏水图"四部分，充分表现出唐代妇女美好、自信、从容、开放的景象。

茱萸台位于大唐芙蓉园东南的丘陵上，是园中的一个高点，登上茱萸台即可俯瞰全园景色。茱萸台的立意取自王维的《九月九日忆山东兄弟》中"遍插茱萸少一人"，激起人们对故乡的怀念，寄情于景。

茱萸台

　　大唐芙蓉园将辉煌灿烂的唐文化汇聚于一园之中，让游客能够"走进历史、感受人文、体验生活"，实现可观赏、可感受、可学习、可消费、可体验，去寻找中华民族的精神的根脉，已成为中华民族的历史之园、人文之园、艺术之园、生态之园、精神之园，被誉为"中国的建筑大观、园林精品、艺术宝库和文化巨著"。

门票信息： 景区门票：65元/人，景区套票：155元/人，1.2米以下儿童免票；65岁以上老人凭老人证免费；军人持军官证、残疾人持残疾证免票，身高1.2~1.4米儿童购票45元/人。

开放时间： 9：00—22：00。

交通导航： 乘坐公交21路、24路、44路、212路、224路、237路、501路、601路、609路、610路、715路、720路、721路等可直达。

大唐不夜城——最炫美的盛唐天街

推荐星级：★★★★

以盛唐文化为背景，以唐风元素为主线，以体验消费为特征，着力打造集购物、餐饮、娱乐、休闲、旅游、商务为一体的一站式消费天堂——中国第一文化商业街区。

以盛唐文化为背景，以唐风元素为主线的大唐不夜城位于西安曲江新区闻名遐迩的大雁塔脚下，总建筑面积65万平方米。整个景观以大雁塔为依托，北起玄奘广场、南至唐城墙遗址公园、东起慈恩东路、西至慈恩西路，贯穿玄奘广场、贞观文化广场、开元庆典广场三个主题广场、六个仿唐街区和西安音乐厅、西安大剧院、曲江电影城、陕西艺术家展廊四大文化建筑。

"大唐不夜城"夜景

　　一条横贯南北的1 500米中央雕塑景观步行街是大唐不夜城的中轴景观大道，也是亚洲最大的景观大道。它完美展现了以李世民、武则天、李隆基、玄奘等唐代帝王、历史人物、英雄故事为主题的大唐群英谱雕塑，将九组雕塑群与现代化的水景系统、灯光系统、立体交通系统完美结合，再现了盛世大唐风范。

　　步行街除"万国来朝雕塑群"和"武后行从雕塑群"外，"开元广场"是大唐不夜城中轴线的景观高潮。开元广场长161米，宽78米，总面积约为12 200平方米，广场上还设立了8根美丽的LED灯蟠龙柱。当LED灯柱在夜色中点亮时，不夜城瞬间焕发出"不夜"魅力。

　　夜间的街市流光溢彩，灯火璀璨。音乐、灯光、流水、喷泉交相呼应。在大唐不夜城，既可观光游览，又可以消费购物，在品味盛唐文化的同时，充分体验现代商业文明和休闲游憩的快慰。

　　大唐不夜城既有代表唐文化的精致中国园林，也有风格各异的建筑小品、月光大道。从传统院落到中国园林，从水乡画廊到山村旅社，从商务楼到古今文物及精品店，从中国画到西洋音乐，无所不有。其精致的设计，宏伟的气势，浓郁的唐代建筑风貌，优美典雅的水系绿色景观，便捷的交通，构成集旅游、商贸、休闲、娱乐为一体的历史文化街区，是西安乃至中国最著名、最具特色的文化商业街区。

门票信息：免费。

开放时间：全天开放。

交通导航：乘212路、619路、715路、720路，曲江新景线观光巴士、游9路到大唐不夜城下。

西安唐乐宫——仿唐歌舞　金碧辉煌

西安唐乐宫创建于1988年，其以精湛的唐歌舞表演和丰富的饮食文化享誉海内外。

　　西安唐乐宫坐落于千年古都西安，创建于1988年，名字取意于唐代"五音八乐"和"欢乐殿堂"之双重含义，是中国第一座国际水平的唐歌舞剧院餐厅。装潢采用中国唐代艺术风格，总面积为2 000多平方米，可容纳600多位宾客同时用餐。匠心独运的设计风格理念，烘托出豪华典雅的艺术气氛。

唐乐宫外日景

　　唐乐宫集餐饮、唐歌舞表演为一体，以"仿唐歌舞、宫廷宴"为特色，其中的仿唐歌舞表演以其精湛的演艺而蜚声海内外。丰盛的美酒佳肴，绚丽多姿、热情洋溢的唐宫乐舞，带您领略一千多年前大唐歌舞升平的华彩绚丽。

　　唐歌舞起源于民间祭祀，先祖以富有节奏韵律的动作向上苍祈祷广施恩泽，驱除病患。至盛唐时期，政通人和，国富民强，文化艺术空前繁荣，音乐、舞蹈日臻极境，唐歌舞正是盛唐时期文化鼎盛的象征。

　　唐歌舞荟萃历代歌舞所长，兼收西域众多少数民族及国外之精粹，充分体现了盛唐王朝百国朝贺，民族交融的鼎盛景象和风土人情。唐歌舞气势磅礴，场面壮观，集诗、词、歌、赋于吹奏弹唱，融钟、鼓、琴、瑟于轻歌曼舞，乐曲高亢悠扬，动作舒展流畅，服饰华丽多彩，堪称历代歌舞之最。

唐乐宫内景

门票信息：176元。

开放时间：晚餐时间：18：30—20：10品尝宫廷宴；演出时间：20：30—21：30观看唐朝宫廷舞蹈《仿唐乐舞》。

交通导航：从火车站可就近从尚德门游览城墙，游客一般多从南门登城游览。乘坐五龙专线、6路、11路、12路、16路、23路、26路、29路、31路、35游、7路等公交在"南门"站下车即到。

大明宫——东方圣殿

推荐星级：★★★★

大明宫是唐代长安城的政治、文化中心，也是当时全世界范围内最辉煌壮丽的宫殿群之一。如今的大明宫遗址公园为你再现盛唐雄风。

大明宫是唐长安城重要的政治、文化中心，是世界上规模最大、最辉煌的宫殿群之一，被誉为"丝绸之路"上的东方圣殿。

大明宫原名永安宫，是唐长安三大宫城(太极宫、大明宫、兴庆宫）之一，但其规模最大。始建于唐贞观八年，直到高宗龙朔年间才全面竣工。公元904年，唐末战乱，大明宫毁于战火，唐都城迁往洛阳。大明宫是唐太宗为了尽孝道，建造给太上皇李渊居住的，太上皇李渊驾崩后，永安宫的修建也就停止，并将宫名改称为大明宫，又称"东内"。李治登基后，下令扩建大明宫，使得大明宫由原来的离宫别殿成为了大唐帝国威严象征的正式皇宫。

大明宫是唐长安禁苑，位于城东北部的龙首原，在它存世的270年间，李唐王朝21位皇帝中曾经有17位在此处理朝政。从唐高宗时开始，大明宫就成了国家统治中心，历时长达234年之久。大明宫整座宫殿的气势雄伟，规模宏大，金

大明宫正面图

碧辉煌，唐代著名诗人王维诗句中的"九天阊阖开宫殿，万国衣冠拜冕旒"就生动具体地描绘出了当时的盛景。

大明宫选址于唐长安城宫城东北侧的龙首原上，充分利用了天然地理环境优势进行宫殿的修建，形成了一座相对独立的宫殿建筑群。

大明宫规模宏大，整体平面呈不规则梯形，四面宫墙总长7 375米，共有11座城门，宫城总面积约3.2平方千米，相当于今北京故宫的四倍。大明宫南部为前朝，自南向北由含元殿、宣政殿和紫宸殿为中心组成；北部的内廷中心为太液池。

宫域可大体上分为前朝（含元殿、宣政殿）和内庭（麟德殿、道教宫殿）两大部分，前朝以朝会为主，内庭则以居住和宴游为主。以含元殿、宣政殿、紫宸殿、蓬莱殿、含凉殿、玄武殿等组成南北中轴线。其他建筑皆根据这条中轴线分布坐落。轴线的东西两侧，各分布有一条纵街，有三道横向宫墙上开边门贯通而成的。

综上所述，大明宫整体有运用大面积木建筑、建筑群规划逐渐成熟、规模宏大、建筑工艺趋向成熟等特点。

大明宫遗址是我国目前保存最为完整的皇家宫殿遗址，规模宏大，格局完整，遗存丰富，被称为"中国宫殿建筑的巅峰之作"。1961年，国务院将大明宫遗址列入全国第一批重点文物保护单位；2007年，大明宫遗址被列入丝绸之路申报世界遗产遗预备名单。2010年10月1日大明宫国家遗址公园建成。

大明宫遗址公园一角

　　大明宫国家遗址公园是遗址与公园的复合体，她简约而内涵丰富、美丽又兼沧桑、国际化而有民族特色鲜明的文化意象，渗透于殿前区、宫殿区和宫苑区，渗透于太液池那16万平方米波光粼粼的水面之上。这里，是未来西安的城市中央公园，是古都西安迈向国际化大都市的中心"绿肺"，是城市迎接四海宾朋的"会客厅"。

门票信息： 60元。

开放时间： 全天开放。

交通导航： 乘坐2路、16路、17路、22路、38路、46路、216路、262路等公交在含元路口站下车，东行100米（太华路一线）即到；乘坐717路、723路、528路太华路下车，西行200米（自强东路路口）即到；乘坐2路、216路、262路、528路、717路、723路童家巷下车（自强东路）即可到达大明宫国家遗址公园。

第 3 章

古韵幽情，书香满路

西安碑林 —— 书法艺术的宝库

西安碑林是收藏我国古代碑石时间最早、名碑最多的一座文化艺术宝库，石碑丛立如林，蔚为壮观。碑林博物馆是在此基础上融合孔庙等古迹建设而成的。

　　西安碑林创建于公元1087年，是收藏我国古代碑石时间最早、数目最大的一座艺术宝库，具有巨大的历史和艺术价值。现今收藏自汉代至今的碑石路、墓志共计四千余件，在全国数量最多，并且藏品时代系列完整，时间跨度长达两千多年。因此这里碑石如林，被命名为"碑林"。

　　西安碑林内容丰富，以其独有的特色成为中华民族历史文物宝库中的一个重要组成部分。它既是我国古代书法艺术的宝库，又汇集了古代的文献典籍和石刻图案，记述了我国文化发展的部分成就，反映了中外文化交流的史实，因而驰名中外。

西安碑林博物馆

西安碑林博物馆位于西安市文昌门内三学街15号，原名陕西省博物馆，创建于1944年。它是在具有900多年历史的"西安碑林"基础上，利用西安孔庙古建筑群扩建而成的一座以收藏路、研究和陈列历代碑石、墓志及石刻造像为主的艺术博物馆。1961年被国务院列为全国第一批重点文物保护单位。西安碑林博物馆藏品浩瀚，书法艺术卓越，文化内涵丰富，被誉为"东方文化的宝库""书法艺术的渊薮""汉唐石刻精品的殿堂""世界最古的石刻书库"。

西安碑林博物馆馆藏文物种类丰富，包括历代碑石、墓志、石刻造像、画像石等石刻文物和书法、绘画、碑拓等其他文物，尤以碑刻墓志路、历代拓本为具有特色的馆藏品。收藏碑石、墓志的数量为全国之最，藏品时代系列完整，时间跨度达2 000多年。馆区由孔庙、碑林、石刻艺术室三部分组成，现有馆藏文物 11 000余件，11个展室，陈列面积4 900平方米。博物馆本身即孔庙旧址，其建置可以追溯到北宋末年。照壁、牌坊、泮池、棂星门、华表、戟门、碑亭、两庑等明清建筑保存至今，并遵循着孔庙固有的建筑格局，组成了一个绿树掩映、古朴典雅的庭院式建筑群。

走入西安碑林大门后，映入眼帘的是一座四角形两层飞檐的亭子，里面竖立着著名的《石台孝经》。这是由四块石板组合成的长方形石碑，高5.1米，安置在三层石台上。

第一陈列室前是专为陈列修盖的碑亭。这里陈列着碑林最大的石碑，以及目前仅存的一套完整的时刻经书。走在第一陈列室的青石小道，立刻感受到碑林的古香古色，成千上万的字碑让人眼花缭乱，让人忍不住感叹中国古代文化的博大精深。

第二陈列室陈列着许多具有史料价值的石碑。《大秦景教流行中国碑》中记叙了当时古代罗马景教传入中国的盛况，石碑侧面用叙利亚文刻写了70位景教人士的名字。《中尼合文陀罗尼经幢》是一种柱状石刻，有六角柱形、八角柱形和圆柱形，用中国和尼泊尔两种文字刻成，反映中尼两国佛教的交流。

第三陈列室陈列的石碑汇聚了历代著名书法家的真迹。秦代李斯的篆书见于《峄山碑》；汉代隶书见于《曹全碑》；东晋王羲之手书见于《大唐三藏圣教碑》，此碑文字是后人从他的遗墨中选取文字拼集而成的，人称"千金碑"。

石刻艺术室陈列了西汉至唐代的圆雕、浮雕、线刻等石刻艺术品60余种，是碑林博物馆把散存在陕西各地的大型石刻集中于此而建立的展室。

作为西安最有价值的文物古迹之一，西安碑林博物馆每年都吸引着海内外众多游客。今天西安碑林已成为世界文化宝库中的重要组成部分，成为普及、弘扬中国经典文化的重要窗口。

碑林广场

门票信息： 旺季75元，淡季50元。

开放时间： 夏季8：00—18：45，18：00停止售票；冬季8：00—18：00，17：15停止售票。

交通导航： 乘坐五龙专线、14路、23路、40路、118路、208路、213路、游4、游6路等公交在"文昌门"站下车。若下车站在城墙外，需进入城内。

关中书院 —— 墨香宝地 古韵今情

关中书院创建于明万历三十七年（1609年），是明清时期陕西的最高学府，居西北四大书院之冠。现为西安文理学院所在地。

　　明末西安有个著名学者冯从吾，官至工部尚书。他为官清正，性情耿直，疾恶如仇，因上书批评皇帝沉溺酒色、荒于朝政，直言触怒了皇帝，因而愤然辞官归故里。在家乡，他开始潜心经理之学，并在宝庆寺进行讲学。之后又与当时的陕西省最高行政长官汪可受一起进行"联镳会讲"，据说听讲人数有时多达数千人，所以长安府长官便下令在寺中划出一块地修建"关中书院"。之后，向东又陆续修建了长安县学、西安府学和文庙（今碑林所在地），形成了文化一条街。

关中书院大门

关中书院创始人冯从吾塑像

关中书院规模宏大：中间6间讲堂名"允执堂"，左右南屋4间，东西号房各6间，讲堂后边有假山、"三峰耸翠"、"宛若一小华岳"，讲堂前333平方米大的方塘，竖亭于中，砌石为桥。书院有门两重，大门二楹，二门四楹，郡丞刘孟直书"八景诗"以壮其观，学者王大智书隶字为书院题名。

明天启五年，宦官魏忠贤专权得势，诬陷东林书院一帮文人，并累及关中书院及其主讲者冯从吾先生。天启六年（1626年），熹宗下旨一切书院俱拆毁，十二月关中书院被毁。

直至清代康熙三年（1664年），西安知府和咸宁知县督修关中书院，并扩大院址，增设了东廊，将其作为讲学先生的住所，并设有西圃，作为学生休憩的场所，又建"精一堂"五楹，左右胁堂和两厢各五楹。到了光绪三十二年（1906年），关中书院已经再度修葺一新，院内房屋总共370余间，书院占地总面积约8.7万平方米。

光绪三十二年（1906年），关中书院被改建成了陕西省师范大学堂，成为当时西北5省的最高学府，到了民国时又被改为省立师范学校，直到新中国成立。现在的关中书院是西安文理学院所在地了。

如今的关中书院依旧保持着它原始的古色古香，并谢绝非校内人员进入参观的，所以我们也只能从大门外稍稍感受一下书院内的古韵书香。

门票信息： 免费。

开放时间： 不对外开放。

交通导航： 乘坐公交215路、216路、600路、603路均可到达。

西安钟楼——一楼讲述一段历史

推荐星级：★★★

西安钟楼创建于明太祖年间，记录着西安的变迁，与鼓楼遥遥相望。它古朴宏伟，华丽庄严。

钟楼地处西安繁华的东、西、南、北四条大街交汇处。它古时用来在清晨敲钟报时，故称钟楼，是中国古代遗留下来众多钟楼中形制最大，保存最完整的一座。从建成之日起，钟楼就一直被看作是古城西安的象征，现为陕西省重点文物保护单位。

西安是明代西北军政重镇，所以它的钟楼无论是从建筑规模的历史价值或是艺术价值各方面衡量来看，都是高居全国同类建筑之首的。

西安钟楼因楼上悬挂一口铁钟而得名。钟楼始建于明太祖朱元璋洪武十七年（公元1384年），位于现今广济街口，与鼓楼对望。

明神宗万历十年（公元1582年），由巡安御使龚贤主持，将西安钟楼整体迁移至今址。此历史事实依据钟楼的二楼西墙上嵌有的一方《钟楼碑》上所述，它清楚地记述了这次令人难以置信的迁移。

西安钟楼底部基座皆用青砖砌成，四面正中各有高竞均为6米的十字交叉券洞，曾经是东南西北四条大街交会的通道，人流车辆都从券洞通过。但是随着城市和时代的发展变迁，券洞已经无法满足交通流量需要，现在已被封闭，而在钟楼周围开辟了圆形环道。

西安钟楼建筑整体呈典型的明代建筑艺术风格，重檐斗拱，攒顶高耸，屋檐微翘，华丽而庄严。钟楼外部的重檐三滴水攒尖顶不仅增加建筑形制的美观，而且缓和了雨水顺檐下落时对建筑的冲击力，减少了对建筑的损害。描梁

西安钟楼

之端的斗拱巧妙地运用了力学原理形成均匀负荷。四角攒尖的楼顶按对角线构筑四条垂脊，从檐角到楼顶逐渐收分，使得金顶稳重庄严。楼上琉璃瓦的板瓦之间扣以筒瓦，以铜质瓦河固定，使建筑更加稳固结实，成为一件浑然一体的精美艺术品。

　　钟楼的西北角上陈列着一口重5吨的明代铁钟，钟边铸有神秘的八卦图案。研究表明，其铸造于明成化年间（1465—1487年），相比于钟楼早先悬挂的铜钟却小很多。钟楼原先悬挂的巨钟是唐代景云年间铸造的，名为"景云钟"（现今收藏于碑林博物馆内）。据史料记载，在钟楼迁到如今地址之后，奇怪的是景云钟再也无法敲响了，所以只有另换，也就是现今所见的这口明代铁钟。

西安钟楼除了实用性，也就是报时外，还曾在很多方面派过用场。在辛亥革命时，义军就曾与在钟楼上布防的清军发生过激战。在护国运动时，也是在这座钟楼上，陕西督军陈树潘从这里开始了反对袁世凯的斗争。

如今，我们依然能见到钟楼的门扇、槅窗、雕楼精美绝伦的身影，它用实际表现出了明清盛行的高超装饰艺术。如果你仔细欣赏每扇门窗上的一幅幅浮雕，它们会告诉你许多你所不知的饶有趣味的奇闻典故，并且每幅上方均有典故名称的名牌。其中著名的故事有《木兰从军》《文姬归汉》《吹箫引凤》《长生殿盟誓》《嫦娥奔月》《李白邀月》《伯牙鼓琴》《画龙点睛》《伯乐相马》《八仙过海，各显神通》《单刀赴会》《岳母刺字》《闻鸡起舞》等。

西安钟楼不仅清楚的记录着西安沧海桑田的历史，它也铭刻着西安人心中的骄傲与悲伤。无论时代如何变迁，钟楼依旧与西安人一起回望历史，信步迈向未来。

门票信息： 27元；钟楼路、鼓楼联票40元。

开放时间： 4月1日—10月31日 8：00—22：00；11月1日—次年3月31日 8：00—17：30。

交通导航： 乘坐公交4路、6路、7路、8路、11路、12路、15路、16路、游7、游8(610)等多路公交至钟楼站下车。

西安鼓楼——重槌之下 声闻于天

推荐星级：★★★

西安鼓楼是中国现存最大的鼓楼，始建于明太祖年间。历经岁月沧桑，如今巨鼓早已不存，唯余鼓楼巍然耸立。

鼓楼位于西安城内西大街北，东与钟楼相望，两者相映生辉，是中国所存最大的鼓楼之一。鼓楼始建于明太祖朱元璋洪武十三年，比钟楼早建4年，迄今已有625年历史。

鼓楼于清康熙三十八年和清乾隆五年先后两次重修。修葺后的鼓楼，庙貌焕然一新，透露出崇高庄严之感。只要登上鼓楼即可眺望远方，眼中尽是繁荣的闹市风光，秦川的秀丽美景也尽收眼底。因楼上有巨鼓一面，且每日击鼓报时，所以得名"鼓楼"。

西安鼓楼

　　从20世纪50年代开始，政府也曾多次对鼓楼进行修缮工作，90年代进行了大规模的维修，并对鼓楼贴金描彩。1996年西安市为进一步开发利用鼓楼的文物资源，促进文化旅游业的继续发展，决定重制鼓楼大鼓，并恢复了"晨钟暮鼓"的传统。楼上此鼓声音浑厚、洪亮，在重槌之下，方圆十里皆可听到，它是目前中国最大的鼓。

　　古时击钟报晨，击鼓报暮，因此有"晨钟暮鼓"之称。同时，夜间击鼓以报时，"三鼓"，就是"三更"，"五鼓"就是"五更"，一夜共报5次。明代的西安城周长11.9千米，面积为8.7平方千米，鼓楼地处西安城中部偏西南，为使鼓声能传遍全城，就必须建造高楼，设置大鼓。明、清两代，鼓楼周围大多是陕西行省、西安府署的各级衙门，这些衙门办公和四周的居民生活都离不开鼓声，鼓声亦成为当时人们最熟悉的悦耳之声了。李允宽所书写的"声闻于天"的匾额，画龙点睛，说明了鼓楼的实际意义。

　　到了"文革"时期，我国大量的文物古建筑都遭到红卫兵等人为破坏，这两块牌匾也未未逃脱噩运。从此，让西安市民引以为傲的两颗"明珠"告别了历史舞台，告别了与其相伴的鼓楼。现今鼓楼内设有楼梯，游客可以登楼凭栏远眺，全城景色尽收眼底。

　　歇山式重檐三滴水是鼓楼的建筑形式，在南北正中辟有高和宽均为6米的券洞门，楼的外檐和平座都装饰雕有青绿彩绘斗拱。在西安城内，与钟楼相媲美的姊妹建筑就是鼓楼，两楼遥相辉映，故两楼有"姊妹楼"和"文武楼"之称，唐代诗人李咸用诗云"朝钟暮鼓不到耳，明月孤云长挂情"即是对两楼的精彩写照。

　　现今，钟楼和鼓楼之间，建造了钟鼓楼广场，又叫尚书省广场，总面积达6万平方米，仅次于北京的天安门广场。据考证，早在盛唐时期，这里是执行国家政务的最高行政机关尚书省所在地。绿草如茵的草坪，用石板隔成了九经九

西安鼓楼近景

纬，"千百家如围棋，十二街似种菜畦"，可不正是唐长安街坊棋盘式的结构？这种城市格局，也只有大唐的都城长安才有。广场北侧，是一排仿古式的酒店饭馆，一家挨着一家的门楣上，高悬着黑底鎏金大字的招牌，古朴典雅，韵味流畅，全为书法名家所题写，展示着这座古都深厚的文化氛围。

门票信息： 27元；钟楼、鼓楼联票40元；敲鼓另收5元。

开放时间： 4月1日—10月31日为8：00—22：00；11月1日一次年3月31日8：00—17：30。

交通导航： 乘7路、205路、215路、222路、252路、612路、618路、游8（610）路公交车在钟楼（西）站下车即到。

高家大院——百年古宅闻书香

西安高家大院一处位于北院门144号，另一处位于兴隆巷42号，是高岳崧和高培支故居。分别建于明崇祯时期和清代中叶，是我国保存时间较长的民居院落。

从西安鼓楼的门洞一进去往北走，是著名的清真小吃一条街。街上有各种各样的小吃，有唐装专卖店，有西安回民中学，还有一座已有四百多年历史的古老宅院，门楣上高悬着一块牌匾——榜眼及第。这座古老的院落坊间俗称为"高家大院"。

西安高家大院有两处：一处位于北院门144号，是高岳崧的故居，还有一处位于兴隆巷42号，则是高培支旧居。

位于北院门144号的高家大院是一处砖木结构的四合院，这是目前西安保留最久的古民居。高家大院兴建于明崇祯年间。因为对这个大院可以考证的第一位主人叫高岳崧，所以称之为"高家大院"。

高岳崧原为江苏镇江人，家中以经商为本，而他本人则算是个地道的南方才子。明崇祯十四年，十二岁的高岳崧进京参加了科举考试，没想到被崇祯皇帝大笔一挥，钦点为榜眼。虽然这个崇祯皇帝是个亡国之君，但能被皇帝钦点为榜眼的十二岁少年想来也必定是个人才。那个年代，科举考试比今天的高考难多了，别说是高中榜眼了，就是中个进士也能飞黄腾达。于是，崇祯皇帝就赐了北院门144号这座民居给了高岳崧。由于传说的断层，究竟是什么原因让皇帝钦赐了这座院落，我们不得而知。反正一种说法是因为高岳崧少年高中，皇帝感动于其用功读书、智慧过人；还有一种说法是既然中了榜，就必然要做官，后来他做了太司，但为官清廉，深得太后赏识，于是赐予宅院。另有一种说法是皇帝赐了宅院后，太后感念高岳崧为官忠勉、作风廉洁，拨了专款维修大院，让大院初具规模。

当地还流传着一个说法，高岳崧入住这个宅院后，大小官吏路过北院门，途经高宅门前，文官下轿，武官下马，可见高家老祖官位之高。虽然12岁高中，但高岳崧仅仅31岁就英年早逝，最高也只做到了七品官，所以官位并不高。至于"文官下轿，武官下马"可能所言非虚，因为高岳崧为官清廉，在当地享有盛名，颇得周围百姓爱戴，所以虽然官阶不高，但是很受尊重。他的后人也很争气，颇为出色。

高家大院（北院门144号）历经百年沧桑，是西安市保护最完整的民居院落之一。1966年，高家大院被收归国有。1999年，高家大院（北院门144号）与化觉巷125号、西羊市77号一起被列为"中挪两国重点历史街区保护项目"，并由

高家大院正门上高悬着的"榜眼及第"牌匾

挪威投资，对高家故宅进行了保护整修，获得2002年度联合国样教科文组织亚洲太平洋地区文化遗产保护奖。

位于兴隆巷42号的高家大院建筑布局是为三开间三进院落，街房、厢房、过厅、二门、上房一应俱全。院内两侧的厢房为"房子半边盖"的陕西特有民居风格，过厅为对称的硬山明柱出檐式。因其为高培支先生的旧故，故称高家大院。这里每年都吸引着众多游客和美术绘画者慕名前来。

高培支先生为著名剧作家、教育家，于1912年创立了西安易俗社，曾4次担任易俗社社长，于新中国成立后将易俗社上交国家。如今的高家大院就是他的旧故，它作为西安市唯一一所民居院落，被完整地保留下来。至今宅院仍保留了古朴、传统的民居建筑风格。

在2001年2月，高家大院（兴隆巷42号）被西安市政府确立为市级文物保护单位；2003年又被晋升为省级文物保护单位。

如果你漫步在高家大院里，就可以切身感受到当年这里宁静、祥和的生活气息：一卷竹帘下，两串灯笼间，几扇木窗后，素雅的小屋里，颇有风骨的字画，玲珑精致的绣品，默默地告诉人们这里曾经居住过一户诗书人家。

整个高家大院彰显着陕西地方风情的民俗艺术，在这里有饱含浓厚乡土气息的陕西民间剪纸、精湛的皮影戏、藏传佛教唐卡艺术的制作、木偶剧和汉唐歌舞等可供欣赏。院内的古家具陈列、传统民居楹联、砖雕，都是古色古香，很有韵味。高家大院的古朴典雅和民俗风貌吸引了不少游人在这里驻足。这里体现的北方民间文化既有陕西特色，也有中国很传统的风格模式。

门票信息： 15元。

开放时间： 8：30—22：30。

交通导航： 乘坐公交4路、6路、7路、8路、11路、12路、15路、16路、游7路、游8（610）等多路公交到鼓楼站下，往北走500米左右。

第 4 章

探寻长安宗教遗迹

大雁塔·大慈恩寺——最华丽的佛寺

推荐星级：★★★

大慈恩寺是世界闻名的佛教寺院，唐代长安的四大译经场之一，迄今已历1350余年。赫赫有名的玄奘法师就是这里的第一任住持。

　　大慈恩寺位于古都西安南郊，是世界著名的佛教寺院，同时也是唐长安城内最著名、最宏丽的佛寺。它创建于唐太宗贞观二十二年（公元648年），是唐高宗为太子时为纪念其亡母文德皇后、报答慈母的养育恩德而建造此寺，故

大慈恩寺

名"慈恩寺"。　唐三藏——玄奘法师在此翻译佛经、弘法育人11年，和弟子窥基创立了佛教的一大宗派法相唯识宗。寺内的大雁塔又是他亲自督造的。大慈恩寺是国务院确定的汉传地区佛教的重点寺院，是第一批全国重点文物保护单位。它在中国佛教史上具有十分突出的地位，一直受到国内外的重视。

大慈恩寺建于隋朝无漏寺旧址上，地处长安城南风景秀丽的晋昌坊，南望南山，北面向大明宫含元殿，东南对望烟水明媚的曲江，西南毗邻景色旖旎的杏园，寺前缓缓流过清澈的黄渠，正中太子"挟带林泉，各尽形胜"之意。寺院山门内，钟楼与鼓楼对峙，中轴线之主体建筑依次是大雄宝殿、法堂、大雁塔、玄奘三藏院。寺内藏经阁藏经众多，浮雕壁画精妙绝伦。

位于陕西省西安市南郊大慈恩寺内的大雁塔是全国著名的古代建筑，是古都西安的象征。修建于唐永徽三年（公元652年），是由唐三藏玄奘为供养从印度请回的经像、大慈恩寺舍利子，奏请高宗允许而修建。据说大雁塔是玄奘仿照印度的雁塔而建，故沿袭印度塔之原名。塔名前加一"大"字是代表大乘佛教的意思。大雁塔初建时只有五层，武则天长安年间重修时增建为七层楼阁式砖塔，保存至今。塔高64米，呈方形角锥状。塔身为青砖砌成，各层壁面作柱枋、栏额等仿木结构，坚实雄伟。塔内有楼梯，可以盘旋而上。每层四面各有一个拱券门洞，可以凭栏远眺，长安风貌尽收眼底。塔的底层四面皆有石门，门楣上均有精美的线刻佛像。大雁塔底层南门两侧，镶嵌着唐代著名书法家褚遂良书写的两块石碑：一块是《大唐三藏圣教序》；另一块是唐高宗撰的《大唐三藏圣教序记》。两碑侧边的蔓草花纹，图案优美，造型生动。这些都是研究唐代书法、绘画、雕刻艺术的重要文物。塔中还有中国名塔照片展览、佛舍利子、佛脚石刻、唐僧取经足迹石刻等。唐代时，学子考中进士后便到大雁塔下题名，象征由此步步高升、平步青云，谓之"雁塔题名"，后沿袭成习。现在大雁塔经过修复，古塔雄伟，寺殿香火缭绕，庭院鲜花争艳，是一处特别吸引国内外游人的游览胜地。

大雁塔广场音乐喷泉

大雁塔东南侧，有和尚墓塔群，其中六座是清代建造的。大雄宝殿是寺院的中心建筑，是礼佛诵经之所，殿内有三身佛、菩萨和罗汉泥塑像。法堂是讲经说法的地方，堂内有阿弥陀佛铜像。

玄奘三藏院内有玄奘法师的顶骨舍利子和铜质坐像，殿内壁面布满关于唐代高僧玄奘法师生平事迹的巨幅壁画，有铜刻、木雕和石雕。这是当前规模最大的玄奘纪念馆，以供游人瞻仰、参观。联合国教科文组织人员来此参观，誉玄奘三藏院为"当代敦煌"。

玄奘雕像

门票信息：大慈恩寺50元，大雁塔登塔30元。

开放时间：9：00—17：00。

交通导航：乘5路、19路、21路、22路、23路、24路、27路、30路、34路、游6路、游8（610）路、游9（320）路公交在大雁塔站下车即到。

化觉巷清真大寺——浓郁的中国风

大清真寺有很多，我们所说的这个大清真寺又称化觉巷清真大寺，是雄浑壮美又别具韵味的古典建筑群落，是中国清真寺古典建筑的杰出代表，是伊斯兰文化和中国传统文化相融合的结晶。

　　此大清真寺位于西安鼓楼西北的化觉巷内，又称"化觉巷清真大寺"，它与西安大学习巷清真大寺并称为中国西安最古老的两座清真大寺，因其在大学习巷寺以东，故又叫"东大寺"。该寺属陕西省重点文物保护单位，是西安市旅游热点之一。

　　化觉巷清真大寺历史悠久，规模宏大，是中国宫殿式古建筑群，始建于唐天宝元年（公元742年），后经历代维修保护，现存主要为清代建筑，其布局严谨，雕梁画栋，肃穆幽雅。清真寺是伊斯兰教信徒心目中神圣而安详的场所。大清真寺的独特建筑风格使它在西安高楼林立的现代建筑和古城芸芸的飞檐古殿中显得格外地突出，别具一格。寺内不仅书法荟萃，而且还有许多珍贵的树

化觉巷清真大寺

化觉巷清真大寺内的石碑

木花草，连枝交映，流芳吐馥。无论是进寺做礼拜还是观光游览，总能感受到自然的气息，令人仿佛身临幽谷，尽涤烦嚣。

化觉巷清真大寺坐西朝东，整个寺院是一东西向的长方形，四周有青色砖围墙。全寺总面积1.3万平方米，寺院内有建于17世纪初高达9米的木结构大牌坊，牌坊为琉璃瓦顶，异角飞檐，精镂细雕；东西走向成正方形，共分为四进院。每院各有特色，建筑主次布局合理，富有园林之趣，显示了我国劳动人民匠心独运的创造精神。东端院墙正中的照壁是全寺中轴线的起点，在这条中轴线上依次排列着木牌楼、五间楼、石牌坊、敕修殿、省心楼、连三门、凤凰亭、月台、礼拜大殿等主要建筑物。殿内有石碑七座，碑文有阿拉伯文、波斯文和汉文，这些都是珍稀之物。

漫步走进寺内，是第一进院，院内东面是一堵砖雕大照壁，照壁前兼有一座历史悠久的木牌楼。坐落在木牌楼南北两侧的展室，为古香古色的仿古建筑，里面陈列和收藏了很多古物。

来到一座悬挂有"清真寺"匾额的五间楼处，便是来到第二进院。第二进院内有宋代大书法家米芾和明代大书法家董其昌的书法真迹，笔力飘逸，走笔遒劲，字型匀称，堪称我国书法的杰作。

缓缓步入第三进院，映入眼帘的是院中央建筑的一座三层八角形的中国式宣礼楼——省心楼。这座楼巍然挺立，十分壮观。宣礼楼别名"邦克楼"，是穆安津(宣礼员)召唤伊斯兰教信徒来寺做礼拜的最高点。

走进雕刻精美的连三门时，就来到了寺院的第四进院。第四进院内有面积约1 300平方米的殿堂，可容纳千余人做礼拜。还可以欣赏到清真寺以彩画独特手法绘制的天棚藻井彩画等等，殿内有壁画400余幅，书以阿拉伯文图案，构图各具特色。

　　化觉巷清真大寺的建筑形式、基调具有中国民族风格。然而，寺院内的一切布置又严格遵循伊斯兰教制度，殿内的雕刻藻饰、蔓草花纹装饰都由阿拉伯文套雕组成。因此，整个寺院融合了中国的传统建筑和伊斯兰建筑艺术风格，令人赞叹。著名英籍作家韩素音称这座寺院是"一座古老的、了不起的寺院"。现在这座寺院不仅是西安市伊斯兰教信徒做礼拜的地方，而且也是接待伊斯兰教信徒及阿拉伯国家领导人参观游览的主要寺院。

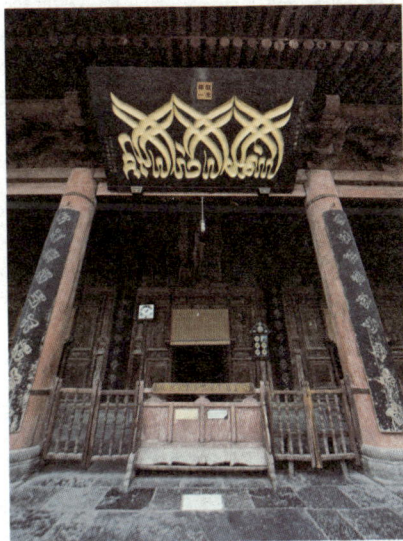

礼拜大殿

寺中一景

门票信息： 25元。回民免费参观。

开放时间： 8：00—19：00。

交通导航： 乘坐45路、205路、222路公交在广济街站下车，往北走300米即到。

大学习巷清真大寺——古老与厚重

大学习巷清真寺是西安最早建立的清真寺，因在化觉巷清真大寺西边，又称"西大寺"。寺院建筑艺术别具特色，这里一直是西安地区伊斯兰教的活动中心。

大学习巷清真大寺坐落在西安市西大街大学习巷内北侧，与化觉巷清真大寺东西相望。寺内建筑规模宏大，仅次于东侧的化觉巷清真大寺，所以又被称为"西大寺"。据寺内现存石碑记载，该寺创建于公元705年，当时被赐名"清教寺"，玄宗朝改名"唐明寺"，元中统间又赐名"回四万善寺"，及明洪武时赐名"清真寺"。今天是西安最古老的清真寺之一。

大学习巷清真大寺

清真寺所在的大学习巷曾经是唐朝时西域各国外交使节的驿馆驻地，唐朝政府在此设置了培训外国使节习用汉儒文化的学馆，不同文明、多种文化相互间习、用、学、研蔚然成风，"学习巷"也因此而得名。

该寺院的建筑形式与化觉巷清真大寺相似，只是规模较小，但观察可发现寺内的亭、台、殿、阁布局恰当。寺门对面有一座砖雕纹饰大照壁，门外临街处有四柱三间石牌坊，牌坊门楣上镌刻有"敕建陆次"四个大字。

省心阁是该寺主要建筑之一。相传，它始建于宋代，是明朝郑和四下西洋回来后重修清真寺时修的，而后经多次修葺，至今仍保持原貌。

省心阁为四角形式建筑，三层三重檐。整体布局古雅庄重，现今经过彩绘后，流光溢彩。后面是南北碑亭，南碑亭内立有著名的"郑和碑"，即《重修清净寺碑》。

大殿前有一宽大月台，周围环以石栏。大殿门上悬挂慈禧亲笔提写的"派衍天方"牌匾。殿内前中为窑殿，上方写有《古兰经》原文，大殿总面积500多平方米，可容纳500多人同时做礼拜。纵观整体，紧凑和谐，庄严肃穆。

大殿四壁上雕饰有花图案，其中套刻着《古兰经》和阿拉伯文的文字。这些珍贵的沥粉贴金壁板堪称现今国内清真寺的精品制作，不仅具有很高的欣赏价值，还具有极高的艺术价值。

纵观清真寺，寺内整个布局以其中外合璧的建筑手法，体现出了伊斯兰教大真寺在中国的早期建筑风格。

据史料记载，大学习巷的西大寺是由唐朝开国元勋尉迟敬德监督建造而成。但仔细考察整体建筑，会发现它已全无唐代的风貌，所以这个说法无法得到证实和信服。反观此建筑，寺内的一切则完全是按照伊斯兰教制度进行布局的，内部设有宣谕台、阿訇斋、礼拜殿、邦克楼、省心阁等；神龛朝向麦加，

寺内清幽景色

殿内点灯，并全无动物纹图式的装饰。殿上盖有琉璃碧瓦，殿内地上铺设地板，而彩画浮雕错落有致，石阶上雕有精美的花纹，充分展示出了唐代建筑的风格。

门票信息： 免费。

开放时间： 9：00—17：00。

交通导航： 乘坐公交15路、23路、202路、215路、300路可到达。

小雁塔·荐福寺——聆听祈福的钟声

推荐星级：★★★★

玲珑秀丽的小雁塔，与大雁塔遥相呼应，"雁塔晨钟"是清代关中八景之一。小雁塔虽不及大雁塔规模宏大，但环境清幽，在古城中也别有一番韵味。

小雁塔即荐福寺塔，与大雁塔东西相对。因其规模小于大雁塔，故称小雁塔，"雁塔晨钟"也是清代关中八景之一。

小雁塔建于唐景龙年间（707-709），位于荐福寺内，为唐代著名佛塔。

塔桥倒影

荐福寺原址位于唐长安城的开化坊，原名献福寺，始建于唐睿宗文明元年（684年），于武则天天授元年（公元690年）改称荐福寺。唐中宗再次登基后，命人在开化坊南面的安仁坊西北角修建了寺塔，塔园大门向北开，与荐福寺门隔街相望。后来荐福寺搬至塔院中，形成了塔寺合一的形式，也就是今天见到的小雁塔所在地。

荐福寺是唐代高僧义净住持译经的地方，同大慈恩寺和大兴善寺合称为长安三大译场，而寺庙面积比大慈恩寺大很多。

义净，齐州人，也就是今天的山东历城人。与玄奘一样也曾游学印度多年，但是由海路自广州离开中国的。公元671年，义净只身一人乘坐波斯商船出国，首先到达的是印度尼西亚苏门答腊，而后转抵印度，并在佛学中心那烂陀寺留学11年，之后又游学印度各地，其间游历30余国，于武则天证圣元年（公元695年）回国，并带回梵文经典400余部。义净回到长安后，在荐福寺主持佛经译场，翻译经文，是自玄奘之后在佛经翻译上取得成就最大的人。

带回梵文经典之后，义净法师为了保存从印度带回的佛经，上表请求朝廷出资修建大荐福寺塔，但当时的皇帝唐中宗李显并未在意，皇后得知事情原委后，立即下令命后宫嫔妃及宫娥、彩女等都捐钱修塔。因国人崇信"造浮屠

"雁塔晨钟"钟亭

荐福寺一角

（塔）建功德，必受报”之说，并且荐福寺本就是皇家庙产，又是武后开基，因此皇宫上下无不争先恐后地出资。直到宝塔建成后，捐助的钱依旧有剩余。

除了小雁塔之外，荐福寺内还有"关中八景"中著名的一景"雁塔晨钟"。此钟高4.5米，重10吨，是清康熙年间从武功县移入寺内的。原是武功崇教禅院故物，后来因流失而沉落河底。在清康熙年间，有个农妇一天在河畔洗衣，忽然听见石头中发出金属般的声响。人们因好奇而掘开石头，这才将巨钟发掘出来，之后移至西安荐福寺安置。清晨敲钟，其钟声数十里外都可听到，声音洪亮。之后的"雁塔晨钟"也就成了"关中八景"之一。

小雁塔的塔形玲珑秀丽，属于密檐式砖结构佛塔。塔为青砖砌筑。塔平面

寺内石碑

雁塔晨钟

为正方形。原为15级，约45米高，现存13级，1989年测定塔的总高度是43.395米，底边长11.38米，高与底边的比例是100比26。小雁塔的基座为砖方台。基座下有地宫，为竖穴。基座之上为塔身，塔身底层较高，二层以上逐层高度递减，使塔的轮廓非常秀丽。因塔身宽度自下而上逐渐递减，所以才使塔身轮廓呈现出锥形形状。

当你徐徐走进小雁塔时，会看到塔内的设施很陈旧，但却不失味道。这里没有大雁塔的嘈杂，你可以享受宁静，除了鞋子与木梯接触时的节奏声，你还能听到自己的呼吸声。随着楼层的增高，梯子越来越窄，楼层也越来越矮，促使你不得不弓身前进，这也许就是前人建造宝塔时的用意，让每个来到这里的人都如同一个虔诚的膜拜者。

小雁塔在漫长的岁月里，历经1 200多年风雨的侵袭和70余次地震的考验。公元1487年，陕西发生了6级大地震，把小雁塔中间从上到下震裂了一条30多厘米宽的缝。然而时隔34年，在1521年又一次大地震中，裂缝在一夜之间又合拢了。人们百思不得其解，便把小雁塔的合拢叫"神合"。1555年9月，一位名叫王鹤的小京官回乡途中夜宿小雁塔，听了目睹过这次"神合"的堪广和尚讲的这一段奇事后，惊异万分，便把这段史料刻在小雁塔北门楣上。新中国建立后修复小雁塔时，才发现它不是"神合"，而是"人合"。原来古代工匠根据西安地质情况特地将塔基用夯土筑成一个半圆球体，受震后压力均匀分散，这样小雁塔就像一个不倒翁一样，虽历经70余次地震，仍巍然屹立，这不能不令人叹服我国古代能工巧匠建筑技艺的高超。

门票信息： 50元。

开放时间： 9：00—17：00。

交通导航： 乘坐18路，21路，29路，32路，40路，46路，203路，204路，218路，224路，258路，407路，410路，508路，521路，618路，700路，707路，713路，游7路，游8/610路公交在小雁塔站下车即到。

大兴善寺——深厚的历史文化底蕴

推荐星级：★★★

大兴善寺始建于晋，初称遵善寺，为长安翻译佛经的三大译场之一，是一座具有中外影响的古刹，被列为陕西省重点文物保护单位。

  大兴善寺位于陕西省西安市城南的小寨，始建于西晋武帝泰始二年（265年），原名遵善寺，距今有1 600余年的历史，也是西安现存最悠久的佛寺之一。隋文帝开皇年间将西安城扩建为大兴城，且遵善寺位于城内靖善坊，所以城取名"大兴"二字，然后取坊名"善"字，更名为大兴善寺，并沿用至今。现今为陕西省重点文物保护单位。

大雄宝殿

80

隋唐时期，长安城内佛教盛行，城内不断涌入由天竺来长安传教及留学的僧侣，很多也曾在寺内进行佛经翻译和密宗传授工作。唐玄宗李隆基开元四年至八年（公元716—720年），号称"开元三大士"的天竺僧人善无畏、金刚智和不空到此传授佛教密宗。当时的不空在大兴善寺主持译务，大量译传密典，盛弘密教，传法灌顶，从而也就创立了我国佛教密宗，并被尊为中国的密宗开祖。大兴善寺也因此成为当时长安翻译佛经的三大译场之一，成为中国佛教密宗的发源地，是中印文化交流史上一个非常值得纪念的地方。

大兴善寺建成以后多次遭到破坏。唐武宗会昌年间（公元841—846年），大举灭佛，大兴善寺也难逃此难，寺庙毁坏，一干僧众皆散去。此后虽屡次进行重修，但在清同治年间，寺院建筑又再次被毁，仅剩下钟鼓楼和前门而已。

现今存于世的寺院建筑是沿着正南、正北方向呈"一"字形排列在中轴线上的，依次为天王殿、大雄宝殿、观音殿、东西禅堂、后殿等建筑。天王殿殿内供奉有弥勒菩萨；大雄宝殿殿内供奉的有释迦牟尼佛、阿弥陀佛、药师佛、十八罗汉以及地藏菩萨青铜塑像一尊，为日本高野山真言宗空海大师同志会所赠；观音殿殿内供奉明雕檀香千手千眼菩萨一尊；东西禅堂中西禅堂壁间的大镜框内装有"开元三大士传略"资料，是研究大兴善寺的资料。后殿藏有唐代铜佛像和宋代造像，形态各异，独具风格，此殿为大兴善寺的法堂。另外，在寺院的西侧修一佛塔，是为纪念那些为大兴善寺的繁荣做出贡献的僧侣而建的。

走进大兴善寺，迎面而来的是深入内心的安静与祥和。安静的寺庙内升起袅袅香烟，寺庙的僧人祥和地向你点头示意，让你从进门的一刻便脱离凡尘的喧闹与浮躁。

来到寺院内，只要静静地禅坐来接受洗礼即可，无须太多的尘世繁杂。在这里你可以坐一下午，充分享受这里的宁静，很多事情相信你会顿悟。

大兴善寺一角

门票信息：免费。

开放时间：8：00—17：30。

交通导航：乘坐26路、323路、521路、K605路、701路、704路、716路、720路、721路、722路、游6、游8（610）路公交在大兴善寺站下车即到。

香积寺——幽深静谧 闲淡雅致

推荐星级：★ ★ ★

香积寺是为纪念唐代名僧善导和尚而建，是中国佛教净土宗正式创立后的第一道场，被奉为净土宗祖庭。

唐代著名诗人王维的一首五言诗《过香积寺》中用"不知香积寺，数里入云峰。古木无人径，深山何处钟。泉声咽危石，日色冷青松。薄暮空谭曲，安禅制毒龙。"很有感悟地描绘出了一幅众香之国香积寺的幽深、静谧和闲淡画面，令人神往。

香积寺坐落在长安区韦曲镇西南的神禾塬上，北距西安17.5千米。香积寺始建于唐中宗神龙二年（公元706年），是净土宗二世祖善导和尚的衣钵弟子

怀恽为纪念善导圆寂而修建的。唐高宗李治曾赠寺院舍利千余粒，还有百宝幡花，令其供养。取名香积寺，意把善导比作香积佛。

历经千年风雨的香积寺，古塔巍峨耸立，寺院内清净悠然，雕梁画栋，每年都吸引国内外的游人、居士、高僧大德的顶礼膜拜，是国务院确定的汉族地区佛教全国重点寺院之一。

香积寺内现存唐代建造的善导塔，于公元680年修建而成。塔是由青砖砌成，墙壁厚二米，平面呈正方形，为仿木结构。塔顶因年久残毁，现在存11级，高33米。塔身周围保存有鞍形的十二尊半裸古佛，雕刻精巧，实为珍品。塔基层四面有门，并刻有楷书，内容为《金刚经》，字迹雅秀，笔力遒劲，颇引人注目。唐至宋、元，历经战乱，寺院长年失修。清乾隆年间重修，今存有清代所修大殿、僧房。整个寺院幽而不僻，静而不寂。

唐代名僧善导大师是山东临淄人，一生专习净土念佛法门，是我国佛教净土宗的主要创始人之一。后在终南山修行，著有《观无量寿佛经疏》《般舟赞》等。9世纪时，日本天台宗僧园仁来唐留学时，把善导著作带回日本传播。宋代日本僧人法然由净土宗教义创建日本净土宗。他在著述中宣称"我以善导一师，开净土宗"，所以日本净土宗信徒都以香积寺为其祖庭。1980年是善导大师圆寂1 300周年，日本净土宗派遣2 000余名高僧赴香积寺参加法会，向寺院赠送善导大师像等礼物。如今，香积寺已成为中日宗教文化友好交流的见证。

门票信息： 旺季10元，淡季5元。

开放时间： 8：00—18：00。

交通导航： 可乘坐322路、320（游9）路公交车到香积寺村下车；或乘坐215路公共汽车到韦曲，转乘韦曲—香积寺的中巴。

善导塔

华严寺——人间的华严天堂

华严寺建于唐德宗贞元十九年，是中国佛教华严宗的祖庭。寺中仅存的两座砖塔历经风雨，仍巍然屹立。

　　华严寺是唐代长安城南樊川八大寺之一，地处西安市南15千米的少陵原半坡，这里居高临下，是登高远眺的好地方。站在华严寺的塔前可俯视樊川，远望终南山。华严寺周围的自然景色，虽不是佛经中描述的华严世界，却也是人间的华严天堂。

华严寺

华严寺从初建至今数百年间，没有高大殿堂建筑的记录，而只记有凿壁为窟，用来安置佛像及僧众居住，可以说它是黄土高原上一座典型的窟洞寺院。

华严寺是中国佛教华严宗的发源地。它始建于唐德宗贞元十九年（公元803年），僧人杜顺在此创立华严宗。其弟子深得朝廷宠信，并主持当时全国佛教法事。因此，华严寺是唐代地位相当高的一所名寺。寺内曾有东阁法堂、会圣院及初祖杜顺法师灵塔、二祖智俨法师灵塔和真如塔等建筑，北宋以后渐趋衰败，明朝虽经修葺但规模已非旧观。清乾隆年间，少陵原一部分崩塌，仅存两座砖塔，其余全毁。

现存的两座塔中，东为华严宗初祖杜顺禅师塔，呈方形角锥体，四面7层，高约13米，为仿木结构楼阁式砖塔。塔上刻有"无垢净光宝塔"和"严主"字样。杜顺十八岁出家，皈依因圣寺珍禅师学习禅观。在他的一生中，有不少为人治病、除害行善的事迹，受到当时僧俗的崇敬，这对他传法十分有利。唐太宗慕其盛名，引入内宫隆礼崇敬。杜顺虽是禅师，但又以华严为业，住进终南山，著《华严法界观门》《华严五教止观》，为华严宗初祖。杜顺圆寂时，有两只鸟飞入房中，悲鸣哀切。杜顺尸身一个月后仍肉色不变，一直有异香飘出，后起塔藏葬。

西侧为华严宗四祖清凉国师塔，六面5层，高7米，塔上刻有"大唐清凉国师妙觉之塔"字样，塔前还有清末《重修华严四禅清凉国师塔记》碑。澄观的一生以振兴华严为目标，发扬"华严性起"的教义。由于他受禅宗思想的影响，从而极力将华严思想与禅宗融通。澄观的禅教一致、诸宗融通的思想，对中唐以后的中国佛教有很大的影响。

华严寺数年来受政府的支持，受各级佛协大德的指导和支援，一直秉承"以文化弘扬佛法、以教育培养僧才、以慈善温暖人心、以共修和谐社会"的宗旨，将继续发扬佛教精神，弘扬佛教传统，惠及大众。

杜顺法师灵塔

华严寺一角

门票信息： 5元。

开放时间： 全年开放。

交通导航： 乘坐235路公交车可到。

草堂寺——高僧鸠摩罗什的归宿

推荐星级：★★★

草堂寺始建于后秦弘始三年（401年），寺内有鸠摩罗什舍利塔、烟雾井等诸多文物古迹。现在已成为僧众修佛、游客览盛的佛教圣地。

草堂寺地处陕西省户县圭峰山北麓，位于西安户县秦镇草堂营村，距西安市约50千米。它始建于后秦弘始三年，最早叫"大寺"，也曾用名"栖禅园"。公元401年西域高僧鸠摩罗什受后秦姚兴皇帝邀请东入长安，因其以草苫为寺中一堂屋顶，故得名"草堂寺"。北周时寺毁，唐宋以来又多次损毁及重建，直至新中国成立后，国家数次对草堂寺进行整修，1984年，由县民政部门移交僧人管理使用。

草堂寺是我国现今最古老的佛教寺院之一，也是我国佛教史上时间最早、规模最大的佛经翻译场，可以说是佛教中国化的一个起点。它与佛教的多种宗派都有着密不可分的关系。中国佛教"八大宗"之一的"三论宗"便奉其为祖庭。

草堂寺内松柏参天，翠竹轻拂，亭阁玲珑，意境幽邃，环境宜人，不仅是佛教文化底蕴深厚的千年古刹，还是名闻关中的古迹胜境。草堂寺坐北向南，高大的山门上方的"草堂寺"横匾为赵朴初先生所书。沿青砖林荫道北行，道旁立一座古色古香的钟亭，挂一口明万历十九年（1591年）铸的巨钟。钟重2吨，高2.6米，口径2.2米，钟脚饰以浮雕龙凤狮子图文。与钟亭相对的是碑亭，内有《唐故圭峰定慧禅师碑》。定慧禅师即唐高僧宗密，华严宗祖师之一。大殿西侧门外，有一塔亭，亭内矗立着草堂寺最珍贵的文物——姚秦三藏法师鸠摩罗什舍利塔。

鸠摩罗什舍利塔造型奇特，由一座六角形护塔亭围起。舍利塔高约2.33米，塔身八面十二层，是用砖青、玉白、墨黑、淡红、浅蓝、赫紫、乳黄等各色纯玉石镶砌而成，故又称"八宝玉石塔"。塔上是屋脊形的盖和圆珠顶，盖下有阴刻的佛像，中间为八棱形龛；塔底是须弥山座，历经一千五六百年仍基本完好。寺周多树木，塔前有古柏两株，小井一眼，俗称"二柏一眼井"。 舍利塔北边的竹林中有烟雾井一口，每逢秋、冬之晨，井内雾气上升缭绕于寺院上空，直向古都长安逸然飘去，这便是古时"关中八景"之一的"草堂烟雾"。至今，在秋、冬的早晨，仍可观赏到这一佳景。烟雾井上方修起了一座木质古亭，亭内悬挂赵朴初先生题写的"烟雾井"匾额。

说起鸠摩罗什，他是位不可多得的高僧。7岁时随母出家，幼年即可诵读多部经书，被称为"神童"。游历过许多国家，通晓经藏、律藏、论藏，被尊为"三藏法师"。他既通梵语，又娴于汉文，在翻译方式上，鸠摩罗什改直译

鸠摩罗什舍利塔

烟雾井

草堂寺藏经楼

为意译，使佛经文句通畅易懂，便于流传。他所译的佛教典籍，为中国佛教的发展做出了巨大贡献。鸠摩罗什在草堂寺译经13年，弟子3000人，凡译经典94部、425卷，其中《妙法莲花经》被后世誉为"佛经之王"。他是被世人公认的汉传佛教奠基人，是一位伟大的佛学家、哲学家、汉语言学家、音律学家、星象学家。

门票信息：旺季25元；淡季15元。

开放时间：全年开放。

交通导航：在西安市朱雀门外南关客运站乘坐开往户县的中巴车可到，或在大雁塔北广场乘坐环山一号线（周末）。

广仁寺——藏传佛教圣地

西安广仁寺是一座具有汉族地区寺院建筑特色的藏传佛教寺庙，它是藏汉文化交流的见证。虽居闹市，却别有一番清幽之境。

广仁寺坐落于西安市西北隅，创建于清康熙四十四年(1705年)，至今只有三百多年历史。康熙皇帝来陕西巡视时拨款敕建，在历史上起着凝聚、促进西北边陲多民族团结的作用。因题"广仁"之额，故称广仁寺。现今是我国陕西省唯一藏传佛教寺院，也是全国唯一的绿度母主道场。

广仁寺是藏汉文化交流、民族团结的见证。清朝初年，清政府在西藏、青海藏传佛教上层喇嘛进京朝见皇帝的沿途建立寺院，向蒙古族、藏族表明，清政府充分尊重他们的宗教信仰、习俗和保护藏传佛教，稳定人心，达到巩固西北边陲的目的。广仁寺建成后，西藏、蒙古、青海、甘肃等地区的活佛、喇嘛路过陕西时，均住寺瞻礼。

进入广仁寺山门，只见大雄宝殿、藏经殿、法堂三重殿堂，两侧有配殿、厢房、跨院。全寺殿宇宏伟，画栋雕梁，庭院幽阔，苍松翠柏，花草葱茏，清幽宜人。全寺占地面积约1万平方米，布局错落有致，以玲戏精巧见长，但寺内供奉的佛像、所藏经典、僧众修持都依承藏传佛教。

广仁寺的主殿天王殿供奉着千手观音像，它安坐在金刚台莲花宝座上，是用俄罗斯珍贵椴木雕制而成的。佛像整体高约6.6米，重达2吨。观音像全身贴金，双手在胸前合十，看上去神采奕奕、慈眉善目。

大雄宝殿中央供奉着3尊佛像，正中的是鎏金绿度母像，左侧为木髻天母像，右侧为木质巨光天母像，3尊佛像均为唐代文物。其他殿宇内也供奉了众多清代木质佛像。

广仁寺

广仁寺中藏有不少珍贵文物，其中以镇寺八宝最为有名：康熙御制广仁寺碑；康熙书写的《御制广仁寺碑》碑文手稿真迹；万年灯（长明灯），昼夜不息；清代珍贵檀香木供座；清代乾隆皇帝御赐汉白玉莲花缸；慈禧太后西行时赏给广仁寺的楠木龙灯一对；唐代汉白玉莲花宝座；明代版《大般若波罗蜜多经》6 600卷，是中国佛教文化稀有古籍中保存最完整的一套。

另外，广仁寺藏经甚丰。有明正统五年(1440年)刊刻、清康熙四十五年(1706年)又续刻刊印的《大藏经》一部，且藏经为梵笑本，纸光滑、字体严整，卷首还刻有精美的线刻佛画像。寺内还珍藏了一部汉文版的《藏文大藏经》，是康熙三十九年所赐。该版藏经是清王室宫本，所以刻造和装帧都非常精良，版型相比于一般藏文经要大点儿，并且每幅画都是由手工绘制，线条细腻，大多出自藏、蒙古族名僧中画家手笔，珍贵难得。

现今，广仁寺在政府支持整修后焕然一新。每逢农历十月二十四和二十五日时，寺内都会举行纪念宗喀巴成道日灯会，来自全国各地的善男信女们都纷至沓来，寺内顿时钟鼓齐鸣，梵音震耳，香火鼎盛，热闹非凡。

广仁寺正门

门票信息: 免费。

开放时间: 全年开放。

交通导航: 乘坐公交107路、507路、509路、712路在广仁寺或习武园站下车即到(从火车站可乘712路)。

都城隍庙——全国三大城隍庙之一

西安都城隍庙是一座道教宫观，始建于明洪武二十年，统辖西北数省城隍庙，600多年来，虽历经沧桑，依然宏伟依旧。

"城隍"一词源于古代的城墙和护城河，城隍神在古人心目中是护卫百姓安全，保佑一方平安之神，是为国家、民族立下汗马功劳的功臣名将或为地方百姓造福一方的廉吏贤哲：他们有的名垂青史，有的功勋卓著，是备受百姓推崇爱戴的历史人物。城隍信仰，寄托了人们对英雄圣贤的纪念与崇拜，深入民心，源远流长，广泛流行。

随着城隍在民间百姓中影响日益显著，道教也将城隍神纳入自己的神灵体系。杜光庭编纂的《道门科范大全集》中，就有在斋醮请神仪式中开列城隍法位的记载。在以后的发展过程中，城隍神就逐渐成了道教遵奉的主要冥界神灵之一。道教许多法事活动中，都要发城隍牒请城隍神到场。道教源于民间又影响民间，甚至渗透到千家万户。

三国、两晋、南北朝时期，民间已经建立庙宇祭祀"城隍"，城隍信仰不断加强，城隍神也不断被人们重视，祭祀活动逐渐繁盛。北齐时，《北齐书·慕容俨传》记载有慕容俨"祷城隍获佑事"，这是关于城隍神显灵护城的最早记载。

从原始信仰、民间信仰到宗教信仰，它们原发于农耕文明。长安作为农耕文明的主要发祥地，又以其长期作为我国的政治、经济、文化中心的特殊地位，这决定了它成为精神文化的传播地。由此，长安也自然地成为城隍信仰的原发地和传播地。

西安都城隍庙所供奉的是汉代刘邦麾下大将纪信。城隍神是由自然神逐渐过渡到人格神的，在传统社会中，人们希望英雄人物死后英灵还在，作为地方神来保护自己，于是将其奉为城隍神。在城隍由自然神演变为人格神的过程中，

都城隍庙牌坊

都城隍庙商业街

汉代的纪信最早。长安不仅是城隍信仰的原发地和传播地，也产生了最早的城隍人神——纪信。据《长安县志·王曲城隍庙会》记载："相传楚汉荥阳之战中，汉将纪信假扮成汉王，解救刘邦出围，致被项羽烧死。刘邦得天下后，封纪信为十三省总城隍，在长安王曲建庙立祠，每年农历二月初八祭祀，后遂成庙会。"

明朝开国之初，朱元璋下令对天下所有城隍重新加封，并各赐相应品级朝服。洪武二十年，朱元璋再次下诏改建都城隍庙，诏书中说："朕设京师城隍，俾统若府、州、县之神，以监察民之善恶而祸福之，俾幽明举，不得侥幸而免。"西安都城隍庙正是在此大背景下修建起来的。

西安都城隍庙始建于明洪武二十年（1387年），原址在东门内九曜街，明宣德八年（1432年）移建现址，是当时天下三大城隍庙之一，与北京、南京城隍庙齐名，统辖西北数省城隍，故称"都城隍庙"。

现今，作为都城隍庙重要历史文化遗存的城隍鼓乐，源于唐代宫廷音乐，

都城隍庙

被誉为"中国古代音乐的活化石"和"西安古代的交响乐",是中国古乐的一朵奇葩。

　　历史上的西安都城隍庙建筑规模宏大。庙山门口有座五间大牌坊,斗拱重叠,气势非凡,牌坊之下,有铁狮一对,威猛无比。山门内有一条数百米长的青石甬道直达二门,两侧是威武雄壮的"帅神"守护。进入二门有一座飞甍重檐、精巧绮丽的戏楼,戏楼与大殿南北相对,中间场地上是一座气势宏伟的木质牌楼,楼檐有精美彩绘及阴阳太极八卦图案。牌楼正面写有"有感有应",

背面写有"聪明正直"八个金字。牌楼下有铜狮一对，庄严威武。大殿面阔七间，进深五间，雕梁画栋，碧瓦丹檀，蔚为壮观。大殿前各有偏殿10余间，专门供奉陕西境内各县城隍。大殿后由南向北依次为二殿和寝殿，规模小于大殿，但各具特色。两侧是道众居住修真的东西道院，最盛时达三十三宫之多，盛况可见一斑。整个庙观布局整齐、左右对称、规模宏大、碧瓦丹檀、雕梁画栋、巧夺天工、美轮美奂，是一座建筑艺术的宝库。

西安都城隍庙是重要的道教文化胜地。当时，都城隍庙善男信女纷至沓来，香火鼎盛。并且周边地区的信众"过境必经"，所以这里常常人潮涌动，摩肩接踵，好不热闹。

到了1942年，西安都城隍庙的建筑在日寇轰炸下被毁。到了"文革"期间，其宗教活动被迫中断了。历经600多年风雨，都城隍庙依旧宏伟壮观，至今仍是西安市内著名的道观之一，也是国家级重点文物保护单位。

历史上，西安都城隍庙一直为道教正一派的道场。直至新中国成立后的五六十年代，城隍庙香火一直旺盛，游人信士众多。如今，每逢农历初一、十五有庙会，四月初八祭祀盛会，人山人海，鼓乐喧天，好戏连台，香火鼎盛。

过去的西安城隍庙以道教鼓乐负有盛名，庙内曾珍藏有历代保存下来的各种乐器和乐谱抄本。直至1961年，鼓乐大师安来绪道长还率庙中鼓乐进京公演，受到毛泽东、周恩来的接见。改革开放后，城隍庙鼓乐迎来新生。1991年应邀赴法国、瑞士、比利时、荷兰、西班牙等国出访演奏，各国观众为之倾倒。

2003年3月，西安市政府出资，将庙内商贩迁出，将庙产归还道教协会。随着西大街改造工程的进行，政府对城隍庙进行了全面系统规划，以恢复这座都城隍庙往日的雄姿。庙前广场改造修复了巍峨壮观的都城隍庙大牌楼和山门，使其与钟、鼓楼遥相呼应，成为古都西安的又一盛景。

都城隍庙内

　　现今的都城隍庙成了西安著名的古道教庙宇和商贾百工技艺云集之地，它的建筑形态分为旅游观光区、商业区和城隍庙后街饮食区三大部分，建筑面积总共已达到了11万平方米，是集休闲、旅游、文化于一体的胜地。

门票信息： 免费。

开放时间： 9：00—16：30。

交通导航： 乘坐公交15路、23路、215路、300路、202路到都城隍庙站下。

净业寺——清幽净心之所

净业寺位于西安西南秦岭沣峪口内的凤凰山山腰。初建于隋，盛于唐。唐初高僧道宣住此寺潜心著述，弘宣律学，开创了以研究和修持戒律为主的宗派——律宗，成为中国佛教律宗的发祥地。

净业寺，亦称白泉寺，位于西安市长安区终南山北麓的凤凰山（亦称"后庵山"）上，距西安市区约35千米。凤凰山山形如凤，地脉龙绵，山势奇古高峻，林壑幽深。净业寺处于山腰，坐北朝南，东对青华山，西临沣峪河，南面阔朗，可眺观音、九鼎诸峰。

净业寺在唐初为高僧道宣修行弘律的道场，是佛教律宗的发祥地。始建于隋末，是国务院确定的142座汉族地区佛教全国重点寺院之一，是律宗祖庭，是净心清修的道场。

道宣（596-667年），俗家姓钱，为丹徒（今江苏丹徒）人。自幼聪慧，9岁便能作赋，15岁时出家，20岁受具足戒，先后依止智、智首律师钻研律学，曾在大禅定寺听智首律师讲《四分律》四十遍，历时十年。

武德七年（624年），道宣结庐终南，始居白泉寺、丰德寺，后得护法菩萨"彼清官村，故净业寺，地当宝势，道可习成"之示，遂移居净业寺。此后四十余年，道宣律师除两次被礼请出山参加玄奘法师在长安弘福寺、西明寺组织的译场外，其余时间均在净业寺潜心禅定，研究律学。

道宣律师门下受法传教弟子千人，其中著名的有大慈、文纲和文刚的弟子道岸、道宗等，后由道宗的再传弟子鉴真将律学传到日本，鉴真成为日本律宗祖师。唐时净业寺因道宣弘扬律宗而达鼎盛，但其后逐渐衰落。

明天顺四年（1460年）时，住持本泉筹资对寺院进行修葺。明嘉靖三十四年（1555年），寺院因地震塔倾，直到隆庆年间（1567年）才进行修复。康熙五十二年（1713年），寺僧又重修道宣律师塔。嘉庆十八年（1813年），重修殿宇。道光年间（约1832年），寺内香火逐渐旺盛，寺内的田地生产颇丰，然后便在东山谷修建了68间茅棚，以供僧人禅修之用。1921年到1949年，闽僧智海任住持。"文革"后，寺院颓废，一蹶不振。在十一届三中全会落实宗教政策后，政府又拨款对寺院加以维修，由少林寺僧人永空发心住山，住持道场，四方筹资，重修山路、天王殿、大雄宝典、祖师殿、禅堂、客堂、僧寮，增建五观堂、厨房等，使这座千年古寺焕然一新。

现今，进入净业寺，我们可以见到寺内的设计不仅古朴典雅，而且规模宏伟，气势辉煌。它既具有苏南园林风格，又充分体现了佛教文化的丰厚底蕴，每年都吸引着数以万计的游客、僧侣、信徒前来膜拜。

门票信息： 免费。

开放时间： 9：00—18：00。

交通导航： 乘坐921路或者环山旅游1号线（周末）到沣峪口后包车前往。

净业寺选佛场

净业寺白石观音塑像

兴教寺——一代法师的长眠之地

兴教寺位于距西安市城南20千米的长安区少陵原，是唐代樊川八大寺院之一，这里是我国著名高僧玄奘法师的长眠之地。

公元664年，著名高僧玄奘法师圆寂后，葬于白鹿原。到唐高宗总章二年(公元669年）又改葬在樊川凤栖塬，并在此修建了一座五层高灵塔，第二年因塔而建寺。后来唐肃宗为该寺亲笔题写了"兴教"二字，所以得名为"兴教寺"，这就是兴教寺的由来。

兴教寺坐北朝南，由殿房、藏经楼和塔院三部分组成。门内钟、鼓两楼夹道对峙，气象庄严，远眺终南山，峰峦叠嶂，景色秀丽，是佛教人士游览和瞻仰玄奘遗迹的胜地。寺内藏有明代铜佛像、缅甸玉佛像各一尊，还有历代经卷数千册。周总理曾陪同印度总理尼赫鲁来此瞻仰玄奘墓塔。

唐末，兴教寺因战乱被烧毁，唯一幸存的是玄奘和两位弟子的舍利塔，东边是玄奘上坐弟子圆测的舍利塔，西边是玄奘另一位上坐弟子窥基的舍利塔。玄奘弟子有上千人，怎么唯独这两人能享有此等荣耀，这里还有一段有趣的故事呢!

传说玄奘从印度回来后，就在慈恩寺内潜心译经，尽管他不分昼夜地工作，然而单靠他一人何年何月才能译完600多部经卷呢?于是玄奘决心物色几个有志于佛学研究的人，将自己的事业继承下去。一天，玄奘在散步，偶然遇到一位气度不凡的少年，经询问，得知他是唐开国员勋尉迟恭之侄。玄奘决心收他为徒。太宗知道后，赐他法名窥基。他聪慧好学，刻苦钻研佛经，很快学会了梵文。他不但成为玄奘译经的得力助手，而且撰写了多部佛学著作。

兴教寺自建成至今千余年间，几度兴衰，历尽沧桑。建寺约百年之后，即"塔无主，寺无僧"。唐文宗太和二年(828)，重修塔身。清同治年间(1862—1874)遭兵燹，除三座舍利塔外，全寺付之一炬，几成废墟。1922年寺僧募修大殿、僧房十余间，又先后由朱子桥、程潜增建及修葺塔亭、大殿、藏经楼、山门等，并补修了三塔（供奉玄奘及其两个弟子舍利子的塔）。新中国成立后，政府两次拨款整修。1982年以来，又进行了全面修缮、增建。1983年，兴教寺被定为汉族地区全国重点寺院。

现在兴教寺主要建筑有山门、钟、鼓楼、大雄宝殿、法堂、禅堂、藏经楼等。大雄宝殿正对山门，殿内供奉明代铜佛像和缅甸赠送的白玉石刻弥勒佛像各一尊，并有彩色宗教故事画。殿后为讲经堂。藏经楼在东跨院，为二层楼。西跨院又称慈恩塔院，是玄奘及其弟子园测和窥基遗骨安葬之地。这是一处凝聚着中印友谊的佛教寺院。

寺院内玄奘塔立于塔院正中，为砖造，总高21米，共五层，塔整体呈平面方形，仿楼阁式。塔内还有小方室供奉玄奘塑像。因为此塔为玄奘法师的墓塔，所以除底层外，其余四层都无法登上去。在玄奘法师墓塔的左右两侧，各坐落着一座三层塔，高度均为5米，分别是玄奘法师的两大弟子慈恩大师窥基和西明大师圆测的舍利塔。

玄奘塔

鼓楼

卧佛大殿

　　在兴教寺旁还有很多的旅游景点，比如城隍庙、秦陵蜡像馆、曲江旅游度假区、碑林、大雁塔等等，让你在游览兴教寺时更能欣赏到西安的其他旅游胜地。

门票信息：25元。

开放时间：8：00—17：00。

交通导航：从西安乘往长安县少陵原方向的长途车可以到达。

罔极寺——尊重佛教　心怀感恩

推荐星级：★★★

罔极寺始建于唐神龙元年（705），有1300多年的历史，是镇国太平公主为其母后武则天祈福而修建的皇家寺院。与荐福寺、大慈恩寺并称唐代长安三大皇家寺院。

　　罔极寺始建于唐中宗神龙元年(705年)，是太平公主为其母后武则天所立。寺名取自《诗经》中"欲报以德，昊天罔极"句，故称罔极寺，以表达子女对父母无限的孝思。盛唐时罔极寺处于大明宫和兴庆宫中间，供皇室宫廷朝礼时所用。

　　明初重修罔极寺，并将原长安城大宁坊东南隅的寺址往南移至唐安兴坊内。如今的罔极寺为尼寺，现存的古建筑有大雄宝殿、金刚殿、钟鼓楼、山门。

　　因太平公主为武则天爱女，在高宗、武则天、中宗、睿宗四朝，权倾朝野，所以此寺居于特殊地位，全盛时僧众有千余人，史载"穷极华丽，为京师之名寺"。唐朝著名宰相姚崇常常寄寓寺内。开元年间，唐玄宗在罔极寺内设立圣容院，安放其真容画像，供万民朝礼，盛极一时。寺内存有画家尉迟一僧、吴道子、周昉、董谔、杨廷光等名家之作。中和年间，寺内一株牡丹一年内开花两千余朵，蔚为奇观。唐开元八年，玄宗命拆兴庆宫和大明宫别殿，对罔极寺进行扩建；开元二十年（732），唐玄宗改罔极寺为"兴唐寺"。唐穆宗长庆九年（821），唐王朝与吐蕃立碑修盟，即历史上著名的"长庆会盟"，其结盟仪式即在罔极寺举行（时名兴唐寺）。如今的长庆会盟碑仍完整保存在西藏拉萨大昭寺内，充分表现出了唐皇家寺院至高无上的地位。

　　据史料记载，罔极寺内高僧辈出，唐净土宗大德、慈愍流派创始人慧日三藏在印度求法十八载之后即被玄宗迎请主持罔极寺。其弟子承远、再传弟子法照被尊奉为净土宗三祖、四祖。永明延寿的由禅入净、禅净双修思想即承袭慧日三藏的思想体系，对净土宗影响深远。唐天文学家一行和尚一生多次驻锡罔极寺。开元十五年（727）一行在华严寺病逝，玄宗诏令将一行和尚灵柩停放罔

罔极寺院内景色

大雄宝殿内雕像

极寺，葬于铜人原，赐谥号"大慧禅师"，并命著名画家韩干为一行画像，将一行画像供奉罔极寺内以礼供瞻。

在明正统八年（1443）、清乾隆五十四年（1789）、清道光三十年（1850）等年间，罔极寺均有大规模的修葺，并存有碑碣。如今寺门外左右两侧的一对貔貅就是唐代石雕的原物。在1900年慈禧皇太后来西安避难时，亲写一笔"虎"字赐予寺内主持。1935年，国民政府将罔极寺改为十方尼僧丛林并立有碑碣。现罔极寺内的"大雄宝殿"四个字为已故全国人大常委会副委员长、中国佛教协会主席赵朴初先生所题。罔极寺于2005年曾举办陕西历史第一次"二部僧传戒法会"，影响深远。自能修尼师任住持后，继有圣莲、果仿两任，现由常瑞法师住持。

罔极寺闹中取静，不仅布局严谨，而且鸟语花香。寺中修建有山门、韦驮殿、大雄宝殿、卧佛殿、伽蓝殿、祖堂、斋堂、僧寮、图书馆、佛学院等建筑，是礼佛参访、旅游览胜的好地方。

罔极寺后原有宏伟古朴塔林一处，是研究佛教净土宗和罔极寺历史沿革的弥足珍贵的文物宝库。塔林是埋葬罔极寺历朝历代高僧大师的墓地，每座塔上都镶嵌一块青石石碑，镌刻着高僧的法号、简历、立石朝代、年、月、日等。

罔极寺大雄宝殿

由于罔极寺属于敕建寺院，高僧的圆寂塔修筑得十分恢宏，高度均有数十米，形状如北京的北海白塔一般。闻名于世的少林寺塔林都是砖塔，而罔极寺塔林以白石料为主，因此坚固得多，且比少林寺塔高大雄伟得多，虽逾千年，塔仍完好如初，塔顶的日月刹仍熠熠生辉。罔极寺塔林的塔均为藏式白塔，这与历史上有名的"长庆会盟"有关。罔极寺塔林的白塔由于修筑的年代、朝代不同，可谓百塔百面各具特点，为集藏式白塔之大成者也。

门票信息： 免费。

开放时间： 8：00—18：00。

交通导航： 乘11路、27路、102路在鸡市拐站下。

水陆庵 —— "第二敦煌"

水陆庵坐落在一个形似卧鱼的小岛尾部，清幽古朴。它以精巧的壁塑闻名于世，壁塑多以山水、花卉为题材，并施以色彩，形成圆雕与浮雕相结合的特殊样式，是中国绘画、雕塑合一的艺术形式。

水陆庵坐落于蓝田县城东10公里的普化镇王顺山下，是六朝名刹。它三面环水，形似孤岛，地有青山耸立，周有河水环流，故称水陆庵。它以保存古代精巧罕见的彩塑而闻名于世，被誉为"中国第二敦煌"。

现今水陆庵是我国国内保存的最大的壁塑群。其壁塑群将彩绘、圆雕、浮雕、镂刻等艺术手段融为一体，令人惊叹称奇。在墙、梁、柱上雕刻镶嵌了大约三千七百尊人物及自然界万物的塑像，件件看上去栩栩如生，活灵活现，很难想象在方寸之地上映出了气象万千的意识效果。尤其在人物雕塑上可谓匠心独运。在立足于故事情节的基础上，更加追求画面的动感，而且准确地抓住人物的表情、眼神和动态等细节上的变化，人物粗矿、文静的性格和喜怒哀乐的表情跃然壁上，实为中国艺术上的一朵奇葩。

据史料记载，水陆庵原是悟真峪北普陀兰渚庵内的水陆殿。在庵毁后，人们便把这座殿宇叫作水陆庵。虽然在水陆庵的始建时间上大家说不一，但据《蓝田县志》及碑石上的记载，水陆庵是六朝古刹，所以有人根据今日庵内大殿上的檐兽、滴水瓦和造像的形式风格，以及附近民间传说为唐代尉迟敬德监修来推断，认为其可能是唐代的建筑。在明、清时水陆庵也曾重修过几次，并在近些年又进行了修葺。水陆庵是一座规模不大的四合院，前有5间山门，南北两边各有厢房13间，院中有3间中殿，西有5间大殿，是一座完整的佛家寺院，整个院落显得古色古香、清幽宁静。

水陆庵大殿内的彩色泥质壁塑是最引人注意的地方。传说这些泥塑出自唐代一位著名的雕塑家杨惠之之手。殿内的壁塑共分南北山墙、殿中正隔间西壁及西檐墙四部分，其中以南北山墙上的壁塑最引人入胜。这两墙上的壁塑，均采取连环塑的形式，上下层层列塑着释迦牟尼的传略故事，从北壁开始到南墙终止。壁塑中有山、小桥梁、园林瀑布、亭台楼阁和殿宇宝塔等建筑物，人物有诸佛菩萨、飞天、供养人；鸟兽有飞龙舞凤、狮子、麒麟、象和牛，布局严整，结构紧密，层次分明，各尽其妙。不论是骑象悠然缓行，骑狮骑麒麟奔驰的，或是乘龙驾凤飘然舞空的；不管是坐卧佛堂说经的，还是划船漫游江湖的、渡河涉水的，等等，都生动自然，形态逼真，而且人物面部的表情，反映出了各种人物的不同性格和心理状态。这种精巧的壁塑，充分显示了我国古代雕塑匠师们的想象力和高超的艺术技巧。

1957年水陆庵被公布为陕西省重点文物保护单位，并修筑了直达水陆庵的公路。从1960年起国家多次拨款修建。现在水陆庵建筑已全部整修，大殿"水陆庵"三字为当代书法家赵朴初所写。

来到水陆庵，不仅可以学习和继承祖国古代文化艺术，而且对于研究古代佛教、雕塑、建筑、工艺、民俗、民情等都有着非常重要的价值和教育意义。

如果想到水陆庵游览，可以选择王顺山，辋川这条游览线进行一日游或二日游。即使只是两天的时间，也可以欣赏到湖光山色和有名的文化古迹。

门票信息： 30元。

开放时间： 9：00—17：00。

交通导航： 客车从西安市省汽车站或西安体育场乘开往蓝田县—王顺山方向的长途车可以到达。

水陆庵正门

水陆庵内一景

千手观音

八仙庵——神仙的地方

推荐星级：★★★★

八仙庵又称"八仙宫"，是古城西安最大的道观。最初用
来纪念各显神通的八仙，它建立在唐朝兴庆宫的遗址上，
到宋朝才开始成了道观，至今没有更改。

八仙庵，又名"万寿八仙宫"，是西安最大、最著名的道教观院，也是中国西北地区著名的道教建筑。它位于西安市东关长乐坊，建立在唐代兴庆宫的遗址上，相传为宋代创建。清光绪二十六年，八国联军入侵北京，慈禧太后和光绪皇帝来西安避难时曾住八仙魔，赠银整修，并颁赐庙额"敕建万寿八仙宫"，八仙宫因此得名。

八仙宫以神奇的"八仙"传说而闻名于世，是道教仙迹胜地。八仙指的就是道教传说中的铁拐李、汉钟离、张果老、何仙姑、蓝采和、吕洞宾、韩湘子、曹国舅八位神仙。据八仙宫的碑文记载，这里原本有座雷神庙，因八仙游玩至此，手捉飞来的蟑螂吃，离开后留下满地的栗壳，被视为游戏人间，所以才建了八仙宫庙来祭祀他们。

在八仙庵前有两座大牌坊，由石头砌成。牌坊的两旁树木郁郁葱葱，并且对面的照壁上刻着"万古长青"四个大字。八仙庵内有三间山门，左右各有钟、鼓二楼。在正殿门楣上悬有清慈禧太后亲笔题写的"洞天云籍"匾额，大殿两侧是东西跨院，东院有吕祖殿和药王殿。

八仙庵的大殿外刻有"长安酒肆"四个大字的一座巨大的石碑，据说是唐代大诗人李白当年在长安时经常来这里喝酒，曾经多次醉倒在"长安酒肆"。

当时的长乐坊一带老徐家的稠酒颇有盛名。此酒是用糯米制作的一种甜酒黏稠如浆，人称"玉浆"，再配上清香的黄桂就成为当时长安街头的一种美酒佳酿——黄桂稠酒。一天，李白与贺知章、张旭等八人慕名而来，结果为香气横溢的酒而倾倒，此后他们经常来这里喝酒吟诗，每次都要一醉方休。因而

太白殿前香火旺盛

八仙宫文物市场

八仙庵一景

后人在他们经常喝酒的长乐坊立一个石碑，并修了"八仙庵"。当时的"八仙庵"是为了纪念李白、贺知章等"酒中八仙"而修的。到了后世，道教逐渐受到皇家的重视，后人就把庙宇扩建成了道教吕洞宾、铁拐李等八仙的场所。今日八仙庵的大殿前面那块巨大的"长安酒肆"石碑依然如故。石碑后还有老徐家的黄桂稠酒店。店堂里高悬着这样一副对联："李白问道谁家好，刘伶回言此处高。"

八仙庵一直都是一条热闹的街，在街上大大小小的古玩、挂件、观音像挤满了街道，尤其是在每月初一和十五，将近万人的男男女女不约而同地来到这里，烧香许愿，将这条街挤得水泄不通。花上三块钱就能买上一把香，十来块钱就能买上两只大红烛，再花上三五块钱捎几只代表平安的观音坠子回去，几乎是来这里的香客必做的几件事情。

八仙庵最吸引人的除了烧香祈福之外，就是庵外的那条街了。街非常小，也很短，只有100米左右。街道两旁是仿古的二层楼，从头一直贯穿到尾。走进去，每一间房子里都摆满了各种各样的古玩物件，有的甚至还沾着旧时的泥土。每一间小店的布置都很简单，四周是一圈一落到底的玻璃橱窗，非常具有平民色彩，没有过多的装饰与打理。很多古旧的铜镜、屏风、书籍、文房四宝、铜剑、古刀、陶罐、瓷器、花瓶、玉坠儿、折扇等等，五花八门，就那么互相靠在一起，挤在玻璃橱窗里，一点也不刻意地去突出其中的哪一个。绝大部分都是平常的家居用品，想想多少年前的那些人，家里就摆放着这样的一些东西，那种平常的生活态度让人不禁有几分亲切感。

在八仙庵门外的这条街上，一定不能错过的就是那些小地摊，只要细心寻找，总能从中找出一些宝贝玩意儿来，它们表面看上去大多是一副毫不张扬的样子，沾满了灰尘。这里的小摊主大都穿着平平常常的或黑或蓝的衣服，像姜太公钓鱼般地等待愿者上钩。他们倒不担心手里的东西卖不出去，一两个月或者一年半载的都没有什么关系，只要它们都能碰到真正喜爱它们的买家。有时侯卖出去一件自己非常看重的古董，连卖家也会有几分舍不得，倒底已经有了感情了。

八仙俺一角

　　八仙庵是陕西道教集中活动的胜地。每年农历九月初九重阳节时，八仙庵都举行盛大的道场，有的信徒在初八晚上就已经赶到这里。初九清晨鼓声拉开宗教活动的序幕时，便能见到殿堂内灯火通明，经师们手执法器，身着刺绣精美的法衣，在高功法师带领下吟诵经典，祈祷国泰民安。而信徒们都虔诚地烧香磕头，祈求四季平安。

门票信息：3元。

开放时间：8：00—18：00。

交通导航：乘坐27路、43路、102路、203路公交车在鸡市拐站下车，向北过更新街即到。

楼观台——风光秀丽的道教仙地

楼观台是中国道教的祖庭圣地，历史悠久，闻
名遐迩，素有"天下第一福地"的美称。1982
年被开发成为森林公园，是陕西省独具特色、
集自然风光与人文历史为一体的观光胜地。

　　楼观台是我国著名的道教圣地之一，有"天下第一福地""道源仙都""洞天之冠"之美誉。它位于陕西省西安市周至县东南15公里的终南山北麓，风景优美，依山带水，茂林修竹，绿荫蔽天，文物古迹众多，生物资源丰富，民俗风情浓郁，构成了闻名遐迩"古、秀、幽、奇"的风景特色。古代书籍中就有赞美它"关中河山百二，以终南为最胜；终南千峰耸翠，以楼观为最名。"的美句。

　　楼观台至今已有2 600年的历史，始建于西周，增建于秦汉，鼎盛于唐，兵毁于金，复兴于元，渐衰于明清，重建兴盛在于当代。因周大夫尹喜在此结草为楼，观星望气，故名"楼观"。相传老子在此著书《道德经》和讲经说道，因此闻名于世。

说经台

宗圣宫

楼观台森林公园大门口

　　1982年建立的楼观台国家森林公园是我国最早批建的全国十二个森林公园之一，也是西北地区首家森林公园。1992年被林业部定为国家级，1997年被评为"西安市十大景观之一"。公园总面积2.75万公顷。规划为东楼观、西楼观、田峪观、首阳山四个游园，12个景区，有人文、自然、森林景观，景点200余处。这里还有高山云冷杉、杜鹃天然林，数千亩人工竹林、光头山草甸等森林景观，吸引无数游客前往。

　　楼观台森林公园不仅风光旖旎，而且四季变化万千。春天的公园山青水秀，柳枝轻摇，百花齐放；夏天这里青山翠柳，风和日丽，清净爽快；秋天这里漫山红遍，秋风习习；冬天这里有岁寒三友，白雪皑皑，其乐无穷。所以，无论一年四季什么时候来到这里，你都会有所收获的。

据记载，楼观台还是伟大的哲学家老子李耳著书立说、传道讲经的道教发祥地，至今已有近三千年的历史，享有"天下第一福地""洞天之冠"的美誉，道教史称之为"仙都"；楼观台国家森林公园中的大秦寺是基督教传入中国的发祥地，现今存有大秦寺塔等多处古迹；西楼观大陵山就是老子修真、羽化之地，这里有吾老洞、老子墓等古迹；宗圣宫建于唐初，是李唐王朝奉老子为远祖、礼祭老子的宗祠。公园内现存的文物古迹多达50余处，碑石170余通，诗词佳作150余篇，还流传着许多脍炙人口的故事。

楼观台既有周秦遗迹、汉唐古迹，又有青山绿水的自然风光。古迹主要有老子说经台、宗圣宫、老子祠、尹喜观星楼、秦始皇清庙、汉武帝望仙宫、炼丹炉、吕祖洞、上善池等60余处；有40里峡一线天、野牛河高山瀑布、旺子沟古溶洞、首阳山五彩壁石及仰天池、洞宾泉、龙王潭等自然景观；有光头山草甸、高山云冷杉、杜鹃天然林，数千亩人工竹林等森林景观。这里山岭倚山背水，茂林修竹，融自然、人文于一体，是人们避暑度假的理想之地。

楼观台景区以说经台为核心，以道家思想中的"经一至九，九九道成"为文化内容，总体布局形成"一条轴线，九进院落，十大殿堂"，空间序列层次丰富，结合了道教"一元初始、太极两仪、三才相和、四象环绕、五行相生、六合寰宇、七日来复、八卦演易、九宫合中、一元复始"的文化概念。

景区建筑按照明清风格依山而建，充分结合地形南高北低的特点，坐南朝北依序展开；以太清门、上清门、玉清门三段划分轴线，形成道教"三清圣境"；以中轴大殿为节点形成九进院落空间，来表达道教对于世界的认知及其深厚的哲学思想。各大殿内集中供奉了道教三清尊神、四御尊神、民俗众神及道教宗师等各路福神，形成全球规模最大的道教宫观，充分彰显了"道源仙都"的大道气魄。

现今的楼观台道长是原籍为甘肃天水市的任法融大师，他出生于公元1936

年，其外祖父为清末秀才，精通儒学，其父深受祖父影响，也通读儒家四书。他于1984年被楼观台道众推选为监院，因办事有效，任劳任怨，信仰虔诚，精通儒学，在陕西省乃至全国道教界中都享有很高的声誉，深受道教人士的爱戴。

楼观台内雕刻的石书

门票信息： 46元。

开放时间： 8：00—18：00。

交通导航： 从西安火车站坐500路公交到雁塔西路东口站下，然后转44路公交到丈八东路站下车，步行20米到明德门站坐环山1号线到楼观台站下车，步行1.6千米即到。

青龙寺——日本人心目中的圣寺

青龙寺是唐代著名的佛寺之一，它是日本佛真言宗的祖庭。1986年，青龙寺从日本引进千余株樱花树，植于寺院，每年春季，寺内樱花盛放，姹紫嫣红，庭园景致优美，是踏春和赏樱的绝好去处。

"寺好因岗势，登临值夕阳。青山当佛阁，红叶满僧廊……"，这是唐代诗人朱庆余《题青龙寺》诗中的名句佳作。青龙寺位于陕西西安市城东南铁炉庙村北的乐游原上，是佛教密宗著名寺院之一。入唐求法的日本僧侣到长安多于此居住、求学，为中日两国文化的重要交流场所。

青龙寺初建于隋文帝杨坚开皇二年（582），当时称灵感寺。唐武德四年（621）寺废。据传，龙朔二年（662）城阳公主患病，苏州和尚法朗诵《观音经》祈佛保佑得愈，公主奏请复立为观音寺。景云二年（711）改名青龙寺。唐会昌五年（845）禁佛时寺废，次年又改为护国寺。大中九年（855）长安左右两街添置寺院八所，该寺又恢复本名。北宋元祐元年（1086）以后寺院废毁，地面建筑荡然无存，殿宇遗址被埋于地下。

空海真言密教八祖诞生塑像

青龙寺

　　青龙寺是唐代密宗大师惠果长期驻锡之地，地处地势高峻、风景幽雅的乐游原上，极盛于唐代中期。当时有不少外国僧人在此学习，尤其是日本僧侣，著名的"入唐八大家"中的六家：日本的空海、圆行、圆仁、惠远、圆珍、宗睿皆先后在青龙寺受法。尤其是空海（号弘法大师）拜密宗大师惠果为师，苦心学习中国佛教密宗文化，又努力钻研汉学。他学识渊博，造诣深厚，在佛经、诗词、梵文、书法等方面都有很高的成就。公元806年他回国时，带去大批佛学经典和其他书籍，在日本奈良东大寺创立了日本的密宗真言宗，设立道场，弘扬佛法，成为开创"东密"的一代大师。因此中国的青龙寺是日本人心目中的圣寺，是日本佛教真言宗的祖庭。

1963年起开始对青龙寺进行考古调查、发掘，1981年开始在乐游原青龙寺遗址上修建了空海纪念碑、惠果空海纪念堂、青龙寺庭园。三处院落错落有序，古朴典雅，园内遍植松、竹、梅、柳、月季等。另有青龙寺出土文物展室。

青龙寺于1986年从日本引进千余株樱花树在寺院栽种，每年三至五月间，寺内樱花盛开，春色满园，庭园景致秀丽多姿，在这里还可以远眺兴庆宫公园的翘角飞檐和西安城内风光。至今，青龙寺依旧以它的传奇历史角色和美丽的寺院风光吸引着海内外众多的游客前来游览。

如今，青龙寺已经是市民郊游、踏春、休闲的首选之地，也是许多日本游客心驰神往的观光游览胜地。特别是在每年春光灿烂的季节，不少新人都会到寺内的樱花树下拍摄婚纱外景，别有一番情趣。而且，春季的寺院内还有牡丹、芍药、郁金香等花卉展出，可谓百花争艳。

如果要来青龙寺游览，建议最好选在4月，因为四月正是春暖花开时节，此时寺内樱花正烂漫，有白色的、红色的，非常美丽壮观。

门票信息： 10元。

开放时间： 8：00—18：00。

交通导航： 乘坐19路、25路、33路、41路、45路、48路、237路、242路、269路、400路、521路、525路、526路、606路、607路、903路、游6路公交在青龙寺站下车即可到达。

卧龙寺——清净空灵的道场

卧龙寺，又称观音寺、福应禅院，历经一千八百多年的风风雨雨，位于西安市碑林区柏树林街，是西安最早的佛教寺庙之一。

卧龙寺位于陕西省西安市碑林区柏树林街，寺内碑石林立，文物荟萃，是国务院确定的汉族地区佛教全国重点寺院。

卧龙寺的建筑朴实无华，充分突显出了禅门克勤克俭、求真求实的精神。卧龙寺内佛的像和壁画均出自陇东民间艺人之手，不仅色彩丰富，而且生动现象。卧龙寺还是西安最早的佛教寺庙之一。

卧龙禅林

据寺内碑刻记载，卧龙寺创建于汉灵帝时(168—189年)。隋朝时称福应禅院。唐朝时，因寺内保存着吴道子在这里画的观音像，故该寺又称观音寺。唐懿宗咸通年间(860年)和僖宗乾符年间(874年)，先后在寺内建立石刻陀罗尼经幢。宋初有高僧惠果入寺住持，终日高卧，时人呼为"卧龙和尚"。宋太宗时(976—997年)更寺名为卧龙寺。据寺内一块明洪武十五年（1382年）刻成的《卧龙禅寺之记》碑的记载：宋太祖赵匡胤在未发迹时，有一次借宿在卧龙寺，当他抬头看见山门上高悬着"卧龙"字样的牌匾时，认为是很吉祥的征兆。后来赵匡胤当了皇帝，为了还愿而特地降旨把卧龙寺扩建整修一新。

1900年，八国联军侵入北京，慈禧太后与光绪皇帝避难西安，给卧龙寺带来新的繁荣。慈禧太后施银千两重修殿宇，并建立石牌坊一座，宏大精美。慈禧还亲书"慈云悲日""三乘迭耀"的匾额赐寺，并为山门书匾额"敕建十方卧龙禅林"。当时西藏和蒙古的喇嘛、王公们千里迢迢送来各类珍品、佛像，其中佛像均诏令送卧龙寺供养，所以现在寺内小型佛像甚多。

卧龙寺历史上以禅宗道场为主，但兼传播其他宗派的经典、教义，被称作"各宗并弘道场"。如1922年，妙阔法师在这里讲解《唯识三十八颂》、《楞严经》等；1931年太虚法师开讲《金刚经》；1932年慈云法师讲《圆觉经》；1942年和1949年后，朗照法师任住侍，历讲《楞严经》《法华经》等。另有唐咸通及乾符年间石刻陀罗尼经幢和元朝石碑，但字迹模糊不清。

从元代开始直至清代，卧龙寺曾经历多次重修，现今寺内保存下来的元、明、清多通石碑就清楚地记录了这段历史。这些石碑碑文依旧清晰，是我们研究唐朝及明清时期卧龙寺的重要史料，同时它们更具有极高的绘画和书法价值。

历史悠久的卧龙寺在"文革"期间也惨遭毁坏。当时的住持是朗照法师，他是卧龙寺主持了几十年佛教事务的大和尚，还曾经担任过全国政协委员。就在卧龙寺被砸毁的那一天，朗照法师无法忍受佛门的宝物遭到任意抢夺与毁坏，自杀身亡。随着朗照法师的离去，卧龙寺的历史也暂时画上了句号。

卧龙寺天王殿

　　1994年春季，在西安市政府的支持下，卧龙寺复兴了。现在的规模颇大，殿阁重重，又重现了当年的盛景。

　　卧龙寺内古迹众多，殿堂巍然，环境幽美穆静，古树参天。又因地处市中，前来参观游览的中外宾客络绎不绝，成为西安市区的著名佛教丛林之一。

门票信息： 免费。

开放时间： 9：00—17：00。

交通导航： 乘坐公交118路、214路、502路、706路、游4路到柏树林站下。

湘子庙——韩湘子的居所

湘子庙，建于宋，盛于元明，为全真道观，传说是"八仙"之一的韩湘子故居。全国有十多处湘子庙，其中以西安湘子庙为湘子文化的发源地。

湘子庙位于西安市南门内湘子庙街，是西安城内现存的唯一道教祖师庙。

据说湘子庙是"八仙"中的韩湘子出家之地，创建于宋。金元时毁于战火，现在湘子庙的格局定于明代。自明末到民国初，湘子庙一直香火鼎盛，后经战乱，殿堂或被占或遭毁。近代湘子庙曾长期被借用，在2005年按原貌修复，并重新用于宗教用途。

湘子庙占地1 000多平方米，东西长88米，南北最宽处7米。寺院由寺庙区、南院和北院构成。其中寺庙区分为前后两个部分，前部分由广场、山门、香泉、过殿（灵光殿）组成；后部分系大殿，即湘子殿。

全国的湘子庙有十多处，西安的湘子庙是韩湘子出家之地。故而历代以西安湘子庙为湘子文化的发源地。

据传韩湘子居其叔祖韩愈官邸内院，为修行修性，曾筑一地下密室，常居其内练功养性，后称湘子洞。数十年前在湘子庙内挖防空洞时，曾挖到一暗室，据称即为当年的湘子洞。

韩湘子为传说中的"八仙"之一。历史上实有其人，是唐代著名文豪韩愈的侄孙，曾登长庆三年（823年）进士，官大理丞。至宋代起，民间将一些神话与韩湘子联系起来，韩湘遂成为道门仙人。后来的戏曲小说中又多称其为韩湘子。据传韩湘子曾是吕岩（即吕洞宾）弟子，元明之时，名列"八仙"之中。

湘子庙内景

灵官殿

湘子庙里的香炉

门票信息： 免费。

开放时间： 8：00—17：00。

交通导航： 乘6路、11路、12路、23路、26路、29路、31路、35路、36路、40路、46路、800路、910路至湘子庙南门下。

重阳宫——王重阳隐修之地

重阳宫是中国著名道教宫观，位列全真派三大祖庭之首，也是全真道祖师王重阳早年修道和葬骨之地。

户县重阳宫位于陕西省西安市户县境内，为道教宫观，又称"重阳万寿宫""祖庵"。是我国金元时道教全真派（北京白云观、山西永乐宫、西安重阳宫）的三大祖庭之一，为我国道教三大祖庭之最。传说它是道教全真祖师王重阳的修道和葬骨之地。金代即有"天下祖庭"之称，历来享有"全真圣地"之盛名。金庸小说《神雕侠侣》中对此地多有艺术化描述。

重阳宫创建于元太宗十年，地处户县西10公里的祖庵镇，南接秦岭，北临渭水，东傍涝水，西以白马河为界，下院别业横跨今周至、户县两县9个乡镇。

殿堂楼阁宫院计房屋5048间，道士近万人。玉皇阁高60余米，雄伟壮观。王重阳，幼名中孚，字允卿，陕西咸阳大魏村人。北宋政和三年(公元1113年)生，金天眷元年，捐文场，中武举。因不满金人统治，乃出家修道取名喆，字明，道号重阳子。他精研道家奥理，糅合儒、释、道三家之理论，开创全真教。结庵讲道，遂收徒马丹阳、谭处端、刘处玄、丘处机、王处一、郝大通和孙不二等人，人称"全真七子"。

金大定十年王重阳率徒返陕西途中，故于河南之汴(今开封)，葬于刘蒋村故淹之侧，建有广庭，额书"祖庭"。 立"灵虚观"，后改为重阳宫，赐宫名"重阳万寿宫"。至新中国建立后，仅存老君殿、灵宫殿、祖师殿3座。"文革"中老君殿也被拆除，其它殿宇荡然无存。

重阳宫在元代的北方道教中影响很大，居全真道三大祖庭之首。元世祖时，重阳宫奉敕更名为"敕赐大重阳万寿宫"。享有"天下祖庭""全真圣地"之尊称，悬挂在山门上方的元代皇帝御赐金匾仍清晰可辨。

重阳宫内石碑

　　重阳宫原存碑石散弃露天，1962年收集迁至原玉皇殿旧址，成为"祖庵碑林"。1973年建房11间，使碑林得以保护。1998年侯宝垣大师等捐资修复重阳宝殿和钟鼓二楼，为重阳宫增添了文化和旅游价值。

　　"祖庵碑林"今保存碑石31通，其中《全真教祖碑》《重阳祖师仙迹记》《十方重阳万寿宫记》等，均为全真教历史的重要资料。这里还有吴道子戏笔、重阳画像碑、北七真画像碑，均有很高的艺术价值。元代名书法家商挺、杨奂、姚燧、宋勃、王磐、李道谦、孙德烃等撰书的道行碑，堪称书法名碑，而赵孟頫所书《大元敕藏御服碑》《孙真人道行碑》更为珍贵。

重阳宝殿

门票信息： 40元。

开放时间： 周一—周五：8：30—17：00；周六、周日：8：00—17：00。

交通导航： 西安明德门城南客运站、西安丰庆路汽车站、西安市汽车站、火车站旁边有到户县的班车，到达户县县城，再转车到重阳宫。

第 5 章

红色记忆，革命情怀

"西安事变"纪念馆——历史

在这里转折

西安事变纪念馆是在"西安事变"的重要旧址张学良公馆、杨虎城止园别墅为基础而建立的遗址性博物馆。

　　1936 年 12 月 12 日，中国现代史上著名的"西安事变"爆发，事件的爆发促成了国共两党的第二次合作，开始了中华民族伟大的抗日战争，它被光荣地载入了中国革命的辉煌历史史册，其中与"西安事变"相关的一些地方也被作为历史的见证者而受到保护。

　　"西安事变"纪念馆坐落于西安市建国路 69 号，是在"西安事变"重要旧址张学良将军公馆、止园杨虎城将军别墅（现为杨虎城将军纪念馆）基础上建立起来的遗址型博物馆，为全国重点文物保护单位，1997 年 6 月被中宣部命名为首批"全国爱国主义教育示范基地"。

西安事变纪念馆正门

张学良将军雕塑

张学良公馆内景

　　馆内有张学良将军公馆、杨虎城将军止园别墅、西安事变指挥部、新城黄楼、高桂滋公馆、西京招待所、华清池五间厅等旧址，并有"张学良将军生平展""杨虎城将军生平展"和"西安事变"等基本陈列，共展出 700 余件历史照片、大量历史文件及几十件文物等。

　　张学良公馆位于西安市建国路 69 号，院内共有三幢三层砖木结构小楼及20 余间平房。为了直观地反映和再现历史，在张公馆北排平房东展室举办有"西安事变史实陈列"，以近 200 张历史照片和数十件实物以及函电、图表等详细介绍了西安事变爆发的原因、经过以及和平解决的全过程。在张公馆北排西展室举办有"张学良将军生平陈列",以 240 多张鲜为人知的历史照片以及各时期代表性的书信、相关文物等,展示了张学良将军从青少年时期到晚年的生活足迹,体现了他关心国家前途和民族命运的爱国情怀。

止园位于西安市青年路止园饭店西侧,原为杨虎城将军的别墅,又称杨虎城公馆,环境非常清幽。这座别墅现已辟为杨虎城将军纪念馆,内部陈设有杨虎城将军的遗物和西安事变的部分文件。

新城黄楼位于今陕西省人民政府大院内,是张、杨将军发动"西安事变"的指挥部,也是当年西安绥靖公署所在地。蒋介石被捉后,首先被押到黄楼东客厅,几天后转移到高桂滋公馆。

高桂滋公馆位于西安市建国路玄风桥,与金家巷张学良公馆相邻,曾是蒋介石移押住处。随其来陕的国民党军政大员陈诚、卫立煌等 10 多人,以及后来从南京赶到西安的宋美龄、宋子文等人都住在此地。

西京招待所位于西安市解放路和西四路交叉口西北,是 30 年代初杨虎城为招待国民党要员所建。当年,随蒋介石来陕的国民党军政要员陈诚、朱绍良、蒋鼎文等就住在这里。

门票信息: 免费。

开放时间: 周二至周日,周一闭馆维修(国家法定节假日除外)。张学良公馆参观时间 8:30—17:30。杨虎城公馆参观时间 9:00—16:00。

交通导航: 乘坐 7 路、702 路公交在省委招待所站下车,往北走 150 米即到。

张学良公馆

八路军西安办事处——革命圣地

推荐星级：★★★★★

八路军西安办事处纪念馆位于西安北新街七贤庄。1936—1946年间，中共中央曾在这里先后设立了秘密交通站、红军联络处和国民革命军第八路驻陕办事处。

　　八路军西安办事处也称八路军驻陕办事处，位于陕西省西安市古城内西五路北新街七贤庄1号，始建于1934年冬，1936年春落成，占地13600平方米，由10座"工"字形土木结构的平房院落由西向东排列组成。因《晋书》中的"竹林七贤"而得名，由当时的文化名人成柏仁题书"七贤庄"镶嵌于庄首。现在建为八路军西安办事处纪念馆。

　　旧址包括七贤庄一、三、四、七号院。一号院是主要办公地点，三、四号院为下属各部门和工作人员居室，七号院为招待所。各院布局基本相同。一号

八路军西安办事处纪念馆门口

周恩来住室　　　　　　　　　　救亡室　　　　　　　　　　水井

院坐北面南，由前后两面进院落的砖木结构平房组成。两院主体建筑平面呈"工"字形，面阔五间，进深六间，辟有地下室。一号院于 1959 年维修后辟为纪念馆，存有周恩来、朱德、林伯渠的书信、照片等遗物。1988 年中华人民共和国国务院公布其为全国重点文物保护单位。

1936 年"西安事变"和平解决后，国共两党逐渐由对抗转向和平共处，八路军办事处由原来的秘密交通站转变为半公开的红军联络处，由叶剑英主持工作，秘书长先后由李克农、张文彬、李涛担任。主要任务是发展东北军、西北军、红军三位一体的联络团结工作，促进国共两党为核心的抗日民族统一战线的早日建立。

1937 年"卢沟桥事变"后，红军改编为国民革命军第八路军，同年 8 月 25 日红军联络处改为国民革命军第八路驻陕办事处。国民革命军第八路驻陕办事处是中国共产党和八路军在国民党管辖区西安设立的公开办事机构，是第二次国共合作的产物。七贤庄八路军办事处是全国所有的八路军、新四军办事处中成立最早、坚持时间最长、影响最大的办事机构，在维护和推动全民族抗日运动的发展，宣传党的抗日主张，开展统一战线工作，在八路军领取、采买、

七贤庄内景

转运物资、组织爱国青年奔赴延安等方面做了大量的工作，为中国人民抗日战争的胜利做出了巨大贡献。中国共产党、八路军的主要领导人周恩来、朱德、刘少奇、彭德怀、叶剑英、邓小平、林伯渠、董必武等曾多次留驻办事处并指导工作。

七贤庄革命旧址虽然经历了半个多世纪，但楼屋依然，已成为对广大人民群众，尤其是青少年进行革命传统教育、爱国主义教育的重要课堂。

门票信息： 免费。

开放时间： 每周二至周日9：00—17：00。

交通导航： 乘坐231路、511路、705路公交在八办站下车向南走200米即到。

西安革命公园——革命精神永难忘

西安革命公园创建于 1927 年 2 月，为纪念北伐战争前夕陕西国民军坚守西安时死难的军民而建。

在西安众多的公园当中，革命公园不是最大的、不是最漂亮的，甚至不常被市民提起。但是她却记录着西安一段悲壮的历史，这段历史已经融入许多老西安人的血液当中。

西安革命公园位于西安西五路北侧，占地 10 万平米，创建于 1927 年 2 月，为纪念北伐战争前夕，陕西国民军坚守西安时死难的军民而建。它位于陕西省西安市西五路东段北侧，为省级文物保护单位、党史教育基地和西安市青少年爱国主义教育基地。

1926 年春，北伐战争前夕，匪首刘镇华在张作霖等的支持下纠集一支号称"十万人"的部队企图攻占西安为北洋军阀扩大地盘。刘镇华围城 8 月之久，放火烧掉城外 60 多平方千米麦田，强征民夫在城周围挖掘了一条 3 千米的断绝沟，企图迫使全城军民投降。国民军将领杨虎城、李虎臣带领全城军民奋进反攻，坚守西安。后经冯玉祥多方营救，西安军民协同作战，形成内外夹击之势，粉碎了刘镇华的阴谋，时称"二虎守长安"。在守城期间，死难者有 5 万人左右，占当时城内人口的四分之一。

为纪念西安的死难军民，冯玉祥于 1927 年 2 月率众公祭并建造了革命公园，背土修建坟墓，建立了烈士祠和革命亭，以供市民对死难的军民凭吊纪念。

新中国成立后，人民政府拨款对公园进行了整修，并广植树木万株。1952 年为纪念王泰吉、王泰城烈士，在公园东南角建烈士亭，亭内有纪念碑。烈士亭前喷水池内的太湖石相传系唐代宫廷遗物。

杨虎城将军

革命亭

　　现在，园内主要有烈士亭、忠烈祠、东烈祠、西烈祠、东西大冢，以及1997年兴建的杨虎城将军铜像、1983年西安革命公园内的革命亭被列为市级重点保护文物。

门票信息：免费。

开放时间：7：30—20：00。

交通导航：乘坐4路、10路、11路、33路、102路、103路、117路、303路、307路、301路、707路、游8（610）路公交在革命公园站下车即到。

第 6 章

文化古都的街头韵味

回民街——真正的美食天堂

回民街是古城西安著名的美食街区：浓郁的文化和氛围，飘香四溢的特色美食，穿透历史的沧桑，呈现一派繁荣景象。

从西安市中心钟楼向西 100 多米、穿过鼓楼门洞，就进入了西安回民历史街区。这里有约 2 万名回民依寺而居，繁衍、生活至今。

西安回民街是回民街区多条街道的统称，由北院门、北广济街、西羊市、大皮院等多条街道组成。西安当地人都称这里为"回坊"。它充满了浓郁的文化氛围，为西安古城中一道亮丽的风景线。

我国现存年代最早的化觉巷清真大寺，以及中国三大城隍庙之一的西安城隍庙都在西安著名的回民小吃一条街区内。这里是多个民族居住生活的地方，主要以汉族和回族为主，它不仅具有独特的历史与文化价值，还呈现出了多元化的文化氛围。

回民街中的旅游纪念品街

古朴与时尚的纪念品

来到西安旅游的游客们一定要去的地方就是回民街，不仅是被其中的美食所吸引，更多的是被街道内深厚的文化内涵所吸引。

漫步在回民街区内，路两旁是一色仿明清建筑，南有鼓楼，北有牌坊，清真大寺、古宅大院镶嵌于鳞次栉比的店铺、食肆之间。步入其中，青石铺路、绿树成荫、老街繁锦、美味飘香。餐饮、器物均为回民经营，具有浓郁的清真特色，深受广大游客喜爱。

回民街位于鼓楼北侧，唐代属皇城范围，尚书省即位于此地。清代时分成北院和南院，此街由此叫北院门。1900 年慈禧太后带着光绪皇帝逃至西安，曾居北院门，称"行宫"，当时各省所贡银两物品均在此聚集，银号、店铺应运而生，盛极一时。

西侧的大学习巷内最早是唐长安城的一个小坊，当时西域的回纥族帮助郭子仪平定安史之乱，郭子仪从甘肃回长安时，带回了 200 多个回纥将领和随从，他们住在这个小坊附近学习唐朝的法令和汉人的文化，所以这个地方取名为"大学习巷"，并逐渐扩展成为西安的"回坊"。回坊地区除了北院门、大学习巷、西羊市外，还包括大皮院、东羊市、北广济街、桥梓口等一大片区域，老西安把这一带叫作"坊上"，在坊上可以探寻最平民最真实的西安生活。

回民街在西安是出了名的美食聚集地。白天，我们可以看到熙熙攘攘的街道上饭馆林立，各种各样的清真食肆与摊点密密麻麻连成一片，牛羊肉泡馍、灌汤包、清真水饺、酸菜炒米、烤牛羊肉、各类点心及精美小吃让人目不暇接、回味无穷，当然，也不乏一些当地人最认可的老字号店。在回民街，你可以边吃边购物，手上拿着吃的吃一路，然后再去逛特色的旅游纪念品和土特产商店，别有一番风味。

琳琅满目的工艺品

　　到了晚上，回民街有着与白天不同的精彩，整条街被浓厚的市井气息笼罩，道路两旁是热闹的点着小灯的小摊，在小摊后面则是当地风味小吃的饭馆，夜间人多时不仅屋内被挤满，连街道也如此。整条街道在虚幻的灯光下更富生机。忙碌一天的人们下班后在拥挤的街道上晃荡，如果看中小摊上某件小玩意就和摊主还还价买下。如果逛累了，就到鼓楼广场的座椅上歇歇脚。这里一切都显得那么真实热闹而又充满生活的激情。

门票信息： 免费。

开放时间： 全天开放。

交通导航： 乘坐 7 路、205 路、215 路、222 路、252 路、612 路、618 路、游 8（610）路公交在钟楼（西）站下车，然后往鼓楼方向走，回民街就在鼓楼北边。

书院门——古色古香的文化街

书院门是西安著名的古文化一条街，两旁是明清风格的仿古建筑，这里有卖湖笔端砚的，卖名人字画的，卖古籍的，治印的……幽幽墨香，古风浓郁。

推荐星级：★★★★

　　从西安钟楼向南走，然后到了南门后往东拐，映入眼帘的就是书院门古文化街了，坐落在街口的是一座古韵十足的高大牌楼，牌楼上方题有"书院门"三个金色颜体大字，牌楼两旁则是"碑林藏国宝，书院育人杰"的醒目对联。矗立在街道两旁的是清一色仿古建筑，街道则是用青石铺砌而成的。在这里，我们可以体会到西安不同于别处的城市风景。从书院门向东走，走到尽头便是碑林了。

　　书院门的地名起源于关中书院。它经历了四五百年的风风雨雨，房舍年久失修，街道灰暗，一片破败景象。20 世纪 90 年代初，西安市政府进行大规模翻修，将其打造成仿古商业街，改造后的书院门便恢复了昔日的文化色彩。

　　书院的建筑规模宏大，中间有 6 间讲堂，为"允执堂"。左右南屋 4 间，东西号房各 6 间，讲堂后边有假山，"三峰耸翠"，"宛若一小华岳"，讲堂

文房用品店

前半亩方塘，塘中有座小亭，桥以石砌成。书院建有两重门，大门二楹，二门四楹，郡丞刘孟书写"八景诗"用以赞美其壮观，学者王大智也为书院题名。

如今的书院门，一般指的是从碑林到关中书院门口的这一条步行街。它西邻南门，东望文昌门。两旁坐落着宝庆寺华塔和碑林，街中还有关中书院和于右任的故居。如今我们所见到的宝庆寺华塔，始建于唐代，它是书院门最古老的标志。

这条街的形成，起初是一些人拿了宣纸，到碑林里面拓片了来卖，生意还很红火。于是人越来越多，逐渐形成了这么一条街。在古代，这也算是一个"雅集"吧。后来西安市政府把这条街索性改造成了一条古文化街，也成了西安的一个不错的景点。

西安书院门古玩艺术城

　　因为关中书院，书院门的文化内涵就更加浓郁。如今的书院门，已成为古都西安的书画荟萃之地。这条街长 570 多米，街道两边鳞次栉比地集中了上百家店铺，有卖湖笔端砚的，有卖名人字画的，有卖古籍的，治印的，精彩纷呈。如果你粗粗一看就知道，这里每家店铺都装修得古色古香，保留了西安特有的古味。从街上抬头看，我们就可以轻松的看见在商铺的二三层雕栏楼阁上，几乎都挂着一色的黑底金字牌匾，书写着文萃阁、醉书轩、皓月宫等店名，刻尽儒雅祥瑞之言，再现了昔日的辉煌。这里的店铺门面既不像江南商号那样纤巧秀丽，也不同于北京大栅栏那样富丽堂皇，而是古朴敦厚，门面很少有繁琐的装饰，牌匾、楹联，还有深狭的门道，体现出一种儒雅安静、深藏若虚的格调。店铺里面的老板都袖着手坐在屋子里面，有的拿着一个紫砂壶，眯着眼睛，决不吆喝。

　　走在书院门文化街上，耳边常常会有卖埙的摊主吹奏的埙音，埙几乎成了西安的一个标志性的物品。埙是中国最原始的一种乐器，呈葫芦状，身上有八个小孔。埙是从西安东郊半坡先民遗址中出土的，这样，6 000 年前的乐器才得以重见天日。

　　曾经的夜景，就如朱自清先生所说的"像瞌睡人的眼"那样。但现今的书院门这条街的夜景却也明亮了不少。我们可以看到的是路灯从设计到造型都非常别致而极具创意，道路上一边是书写着不同字体"书"字的仿古六棱灯，而另一边则是镶着夺目字体的一个灯箱。街道上灯笼古朴典雅，灯箱则是创意十足，灯箱上附录着西安已故的名人极其生平事迹，让我们在欣赏它现代美的同时回顾历史，更加热爱这座城市。

　　西安城书院门曾经的光辉与荣耀已经随着历史而尘封，只在人们的心中留下了一个远去的痕迹。

　　略往书院门的街深处走，就会看到很多卖字画的店铺。还有许多临街摆设的摊位，其实就是张书桌，上备文房四宝以及展示有主人写画好的作品。主人就在此或写字，或作画，也出售其完成的作品，但是更享受这种陶冶情操和相互切磋技艺的生活。其中不乏功力深厚、作品绝佳的高人。每年都会有大批书画名家会聚西安，在这里举办各种展览、陈列数十次。

书院门牌楼

门票信息：免费。

开放时间：全天开放。

交通导航：乘坐 7 路、205 路、215 路、222 路、252 路、612 路、618 路、游 8（610）路公交在钟楼（西）站下车，然后往鼓楼方向走，鼓楼进去西边巷子有大牌坊，上面写有"化觉巷古玩街"。

化觉巷古玩街——欣赏古玩的好去处

化觉巷位于西安鼓楼西北侧，可以通往清真大寺。古玩街上有剪纸、泥塑、唐三彩、木偶等各种珍奇、古玩，是古玩爱好者淘宝的好地方。

　　从鼓楼门洞穿过后，往左走就是热热闹闹的化觉巷，这里也是去清真大寺的必经之路。

　　化觉巷因清真大寺而出名，因此这里自然就成了回族的聚居地。化觉巷又窄又长，在这里没有高楼大厦，道路两旁都是明清风格的仿古建筑，古色古香。弯弯曲曲的石板路，高高的宽窄不一的门板门面，仿佛望不到尽头。巷子两边的街铺一个挨着一个，各色珍奇古玩等工艺品从店里蔓延到店外，琳琅满目，满眼的古玩物件，实在是令人着迷；店里、摊子上颜色鲜丽，极尽热闹，诡奇的皮影、华彩的木偶、质朴简单的农民画、古旧的泥塑、绚丽的唐三彩，精妙细腻的剪纸，应有尽有，每一件物品都好似让人回想到那些逝去的年代。

化觉巷中的古玩

化觉巷古玩街牌坊

　　化觉巷内的古玩珍奇虽然大多是些复制品，但制作上仍旧一丝不苟，吸引着大众。明明是一个新制的小玩意儿，但好像是一个藏有故事的古物，在一式一样地诉说着一个久远的繁华时代。

门票信息： 免费。

开放时间： 无须登记，全天开放。

交通导航： 乘坐 11 路、12 路、15 路、16 路、118 路、201 路、205 路、221 路公交车至鼓楼站下车，从鼓楼进去西边巷子有大牌坊，上面写有"化觉巷古玩街"。

骡马市步行街——百年商业老街

骡马市源于唐，兴于明清时期，是西安早期商业的一个缩影。后发展成为商业步行街，成为西安引领潮流的商业街区之一。

　　骡马市源于唐，得名于明，明清时期为骡马牲口交易市场。骡马市这条古老街道的名称，距今已有四百余年的历史了。它原为唐长安城少府监所在地，唐末以后渐为居民坊巷。唐代的时候，这个地区叫"耳窝坊"。元朝时称为"太平坊"。明朝时因东门大街贯通和钟楼东移，使原来聚集在西大街的商业中心逐渐东移到以钟楼为中心的商业圈。所以靠近钟楼又接口于东门大街的骡马市街市也逐渐形成。

骡马市步行街

夜间骡马市

骡马市街位于西安市东大街东段南侧，北起东大街，南至东木头市，全长612 米，宽 7 米。全街由五条巷子组成，由北向南依次是水车巷、肋子巷、马王庙巷、戴家巷、惠家巷。作为西安历史上传统的商贸集市，骡马市街在西北乃至全国颇负盛名。

改革开放初期，骡马市发展成为西安市中心商业圈内繁华的服装一条街，应运而生的骡马市服装城曾一度引领西安服装潮流，成为西北地区最活跃的服装经营、批发集散地。随着 2007 年骡马市商业步行街的开街，这里演变成一处集购物、休闲、娱乐、餐饮、旅游为一体的大型的现代化综合性商业步行街区，也是年轻人喜欢的地方。繁华喧嚣的空间内汇集了兴正元、沃尔玛、星巴克、必胜客、奥斯卡长安国际五星级电影城等。人们坐在街口星巴克里，悠闲地喝着咖啡，看外面一家家精美的店铺里人潮涌动；幸福的情侣们满载而归，遗留在空中喜悦的欢笑声此起彼伏。而骡马市地下步行街更是人头攒动，一片欣欣向荣的景象。这里的店铺大多是由年轻人开设，小店一家挨一家，商品价格也不高，但都是时尚年轻人自己淘来的，是西安市最适合淘宝的街区之一。

晚上的骡马市步行街，张灯结彩，熙熙攘攘，一派热闹的气氛。流光溢彩中的骡马市步行街，再次以其骄人的新貌矗立在我们的眼前。

门票信息：免费。

开放时间：全天开放。

交通导航：乘坐任何一路公交车至钟楼站下车，向东大街方向走可到达。

东大街——悠久历史熏陶的繁华之地

西安东大街距今已有 600 余年历史，其历史积淀深厚、名店名品云集、经营品类齐全、人流和物流集中，成为西安乃至西北地区最繁华的商业街。

　　北京有王府井，上海有南京路，作为十三朝古都的西安，则有车水马龙的东大街。这条古老街巷，至今已有 600 余年历史。在唐朝，当时的长安城是由宫城、皇城与外郭城组成。皇城是政府机关所在地。皇城东门名为"景风门"，清代人编纂的《咸宁县志》考证："旧时'景风街'，即今日的东门大街。"（这里所谓"今"，是指清代初年的西安府。）由此推断，在西安市区东西方向的东大街，就是唐皇城"景风街"的位置。

东大街林立的商店

　　东大街由钟楼至长乐门（东门），长 2 150 米，因在钟楼之东而得名。这条街的变迁历程可以算是中国历史的一个缩影。隋开皇二年建新都大兴城，此街位于皇城东墙南门景风门内外两侧，名景风门街。明初扩大西安府城，拆景风门东移 1 300 米建东门，始统名东门大街。清原王城改为八旗驻防城，俗称满城，此街又称顺城街。街西端即钟楼东门洞，亦即满城西南角门。辛亥革命时，新军即由大差市东薄弱处攻入满城。民国二年（1913 年）九月，张凤翔督陕，拆满城，利用赈陕款对此街大加修筑，取名中山大街。1953 年部分拓宽，改名东大街。

　　来过西安的人应该都去过钟楼，去过钟楼的人都记得有一条街叫东大街，这条街的样子深深地刻在每一个人的脑海中。每一个节假日最拥挤的地方就是东大街，大家不约而同地来到这个繁华的地方，虽然都知道这里很挤，但是却想不出第二个约定的地方。这就是东大街的魅力，它与每个人都有一个约会，与每个人都有一段故事。

　　西安东大街是西安最繁华、最主要的购物区域，在 2012 年 11 月前也是西安古城墙内唯一一条未进行大规模拆迁和改造的轴线大街。如今，随着东大街逐渐开始全面改造，昔日街面上一些热闹场景也暂时远离西安市民的生活，但这些都挡不住东大街继续繁华的脚步。东大街的价值，不仅因为它有一个响亮的名字，更因为它地处城市的黄金地段，在岁月中守望着古城的晨钟暮鼓，商业自古繁荣。

门票信息：免费。

开放时间：9：00—21：00。

交通导航：乘坐 502 路、706 路、707 路公交车在骡马市站下即可到达。

西大街——仿唐一条街

西安"西大街"之名启用于明神宗万历年十年（公元 1582 年），至今已有 400 多年历史。后经改造，沿街建筑为仿唐建筑风格，成为一条再现盛唐风韵的仿古商业街。

　　西安西大街，位于钟楼以西，东起钟楼，西至西门（安定门），长 1950 米，是以钟楼为中心辐射出的四条大街之一，以方位而得名。西大街建于隋开皇二年（公元 582 年），在皇城中心大街第四横街西段，唐朝最高行政机关尚书省和六部都设于西大街东段北侧（今鼓楼两侧），同时有秘书省、太常寺、左军领卫、右军领卫等也在西大街，唐朝主管外交的鸿胪寺和接待外宾的鸿胪客馆也在西大街附近。唐代时，大概在今钟鼓楼广场附近的范围，穿着各种服饰的

西安西大街

外国人车来人往，比现在还热闹。唐以后，宋、元、明、清、民国的地方首府永兴军路、奉元路、京兆府、西安府、民政府、长安县署等重要衙署均设在此街北侧，与隋唐皇城相对，故又称"子城"。唐后至南宋仍称"子城厢正街"，中段又称"指挥街"。现街名启用于明神宗万历年十年（公元1582年）。

自古以来，西大街商铺鳞次栉比，商贾云集，这里成为贯穿古城东西轴线的商业黄金大道和商品交易的主要街区。在2007年，西大街改造全面竣工，进入2007中国著名特色商业街的名单，这是中国目前唯一的全仿唐建筑的一条街。沿街所有建筑都是仿唐建筑的风格，道路两旁分布着鼓楼西广场等九大景观，仿古风味浓厚，是一条再现盛唐风采的仿古商业街。漫步西大街，使人恍若回到盛唐一般。

西安西大街俯视图

西安西大街夜景

门票信息：免费。

开放时间：9：00—21：00。

交通导航：乘坐4路、7路、15路、23路、31路、43路、45路、201路、205路、215路、221路、222路、252路、300路、407路公交车在西门站下即可到达。

第 7 章

西安那些不得不吃的美食

西安饭庄——风味小吃大杂烩

西安饭庄创建于 1929 年，是中华老字号，由文坛泰斗郭沫若题写店名。以陕西风味小吃为主，并有尽显关中历史风情的"长安八景"宴以及"盛唐皇宴"等文化宴席。

西安饭庄创建于 1929 年，素以"陕菜正宗、陕西风味小吃大全"而闻名于世，由冯克昌先生及其当时西安的一些社会名流集资建成。这里曾接待过我党周恩来、叶剑英、秦邦宪等国家领导人以及张学良、杨虎城等爱国将领，后又多次宴请老舍、柳青等文坛名家而名噪大江南北。

1936 年，周恩来、董必武等中共代表设宴于此，招待张学良、杨虎城以及各界民主人士，以促进"西安事变"的和平解决。周恩来总理一生三次光临此处，曾称赞道"西安饭庄的菜有特色、有名声"。 在周总理的关怀下，西安饭庄又进行了大规模扩建。

西安饭庄

西安饭庄里的风味美食

1956 年宋庆龄、郭沫若来西安考察，当品尝了西安饭庄热腾腾的黄桂稠酒后，郭老高兴异常，诗兴勃发，连声称赞此物"不似酒，胜似酒"，对西安饭庄留下了深刻的印象。现在的店名为郭沫若题写。

西安饭庄名厨主理正宗陕西风味菜肴六、七百种，风味小吃及点心两三百种，其中葫芦鸡、泡泡油糕、细沙炒八宝、爆大虾、金线油塔、千层油酥饼、黄桂柿子饼、枣肉沫糊等最为著名。西安饭庄在继承传统名菜的基础上大创新，先后研制推出"陕西风味小吃宴""长安八景宴""宫廷长寿宴""西府小吃宴"四大宴席。

陕西风味小吃宴素有"锦乡陕西"之称，是从全省数百种小吃中精选出近 70 种，再与店内传统看家菜、优质名菜组合编排成的特色宴席，供应数十年来盛名不衰。

长安八景宴是用各种高档原料将古长安八大景观——雁塔晨钟、灞柳风雪、骊山晚照、华岳仙掌、太白积雪、曲江流饮、草堂烟雾、咸阳古渡再造于餐盘而形成的集食用、观赏于一体的历史文化宴席。西安饭庄的厨师们发挥想象力，用鲜虾、墨鱼、蹄筋、松仁、甲鱼等原材料将这些美景重现于餐盘，或仿胜境形象于其中，或寓掌故、传说于佳肴，使宾客在重游长安胜景之时品味陕菜独有韵味，可谓"景中有宴，宴中有景"。"雁塔晨钟"以鲜艳的色彩、精巧的构思、磅礴的气势烘托出宴席的气氛，置身其中，雁塔钟声似已隐隐入耳，道出了主人对贵宾的不尽欢迎之情。"骊山晚照"是以名菜香煎银鳕鱼为基础的创新之作，层次分明，清爽利口，用香煎的银鳕鱼将诗人笔下"入暮晴霞红一片"的美景尽收盘中。

门票信息： 75 元。

开放时间： 10：00—23：00。

交通导航： 乘坐 29 路、118 路、201 路、203 路、214 路、218 路、235 路、251 路、300 路公交车至端履门站下车步行可达。

德发长——饺子的盛宴

德发长是一家以经营饺子为主的中华老字号，历史悠久。这里的饺子宴闻名于世界，一饺一形，百饺百味，被誉为"千古风味"。

　　饺子是中国传统食品，中国人吃饺子至少已有 1400 年的历史。德发长因其饺子宴而闻名，始建于 1936 年，是享誉海内外的中华老字号。它坐落于古城西安的中心，东依钟楼，西傍鼓楼，正面临钟鼓楼广场，古香古色，内部装饰融汇现代流韵，华贵典雅。

　　德发长的水饺是以北京风味为基础，馅足皮薄，味道醇厚鲜美。它吸收融汇了中国南北各种菜系烹饪之精华，采用了多种原料，有高档的鱼翅、鲍鱼和普通的时鲜果蔬，甚至野菜等；还采用蒸、煮、煎、炸、烙等现代化烹制方法，烹饪出了肉香型、卵香型、果香型、酱香型、素香型和海鲜香型等六大香型的多种口味，真可谓一餐饺子宴，尝遍天下鲜。

德发长外景

德发长饺子

德发长的饺子都是精美的工艺品,有的看上去仿佛是蝴蝶,有的酷似企鹅,有的俨然一片绿叶,还有的像金鱼,像飞天,像云朵,像珍珠,那名字也富有诗情画意:彩蝶飞舞、鱼跳龙门、乌龙卧雪、群龙闹海、绿茵玉兔、雪中送炭、扬帆万里,等等。个个赏心悦目,令人既垂涎欲滴,又不忍下筷。饺子宴一饺一形,百饺百馅百味,客人们可大饱眼福口福,来到这里的宾客无不被这种高超的技艺所折服。

德发长坚持以德为本,以信取人,由于讲究一个"德"字,德发长虽几经风霜,多次变迁,但始终兴盛不衰,且"发"且"长"。目前,德发长饺子宴已发展到二百多个品种,配餐组合为迎宾宴、吉祥宴、龙凤宴、三鲜宴、罗汉斋宴等数十个宴种。德发长饺子以自己独特的风格,在全国餐饮大赛评比中多次被评为"华夏千古风味""中华名吃"等称号,并于 1989 年获得了商业部颁发的"金鼎奖"冠名。

德发长饺子宴自问世以来,广受国内外美食家的青睐,成了到西安必食的地方特色风味,被誉为"神州味苑的一朵奇葩"。著名诗人贺敬之饱含诗情挥笔抒怀:"宴文宴友饺子宴,长忆长安德发长";港、澳同胞赞其"山珍海味天下第一,艺术享受令人难忘"。

人均消费: 50 元。

开门时间: 9:00—21:00。

交通导航: 乘坐 7 路、205 路、215 路、222 路、252 路、612 路、618 路、游 8(610)路公交在钟楼(西)站下车,向北 100 米即到。

同盛祥——吃牛羊肉泡馍的首选之地

同盛祥饭庄创建于 1920 年，主营的牛羊肉泡馍以料重味醇、肉烂汤浓、馍筋光滑、香气四溢而闻名，国内外众多贵宾品尝后都赞不绝口。

　　西安民间有这样几句流传已久的话："提起长安城，常忆羊羹名。羊羹美味尝，唯属同盛祥。"这样的名气，不是吹出来的：有 80 年历史的同盛祥，素以料重味醇、肉烂汤浓、馍筋光滑、香气四溢、清香爽口而饮誉天下。不仅如此，还有很多的小吃吸引着你的眼球，刺激着你的味觉。有晶莹剔透的蜂蜜凉粽，金黄爽口的粉蒸肉、油汪汪的拉条子拌面，还有沁人心脾的麻酱凉皮……你会发现西安的小吃有多么诱人！

　　中华老字号同盛祥饭庄始建于 1920 年，以经营独具回族特色的牛羊肉泡馍驰名中外。它的前身是同盛祥牛羊肉泡馍馆，取名"同盛祥"意在饭馆与进餐者"同兴盛、共吉祥"。同盛祥饭庄坐落在西安市中心的钟鼓楼广场，面积 4000 平方米，一共四层，整体建筑仿明清风格，内部装饰华贵典雅，具有浓郁的民族风味，古色古香。

同盛祥饭庄

同盛祥饭庄入口

同盛祥内部景致

羊肉泡馍

饭庄以经营牛羊肉泡馍为龙头，同时经营传统清真大菜、清真风味小吃、秦川肥牛环保火锅、清真海鲜等 300 多个品种。一楼供应西安清真名贵小吃；二楼、三楼供应牛羊肉泡馍和清真大菜宴席；四楼推出清真秦川肥牛环保火锅、海鲜菜品。同时承办清真宴席、小吃宴席、会议包饭和旅游团队包饭。

敬爱的周总理、陈毅元帅曾以同盛祥的牛羊肉泡馍宴请过许多外国领导人。1983 年，同盛祥牛羊肉泡馍被搬上了国宴。近年来，江泽民、李瑞环、习仲勋等党和国家领导人多次品尝过同盛祥的牛羊肉泡馍；1989 年还夺得商业部地方名特食品最高奖——金鼎奖。 同盛祥以精益求精的饭菜质量，独特的风格深受国内外游客的喜爱。

人均消费： 40 元。

开门时间： 10：30—21：30。

交通导航： 乘坐 7 路、205 路、215 路、222 路、252 路、612 路、618 路、游 8（610）路公交在钟楼（西）站下车，向北 100 米即到。

春发生——令人流口水的葫芦头泡馍

春发生是西安中华老字号饭店，因经营正宗的葫芦头泡馍而闻名国内外，是西安有口皆碑的名吃。

春发生饭店创建于 1920 年，距今已有 94 余年历史，是以经营陕西地方风味小吃葫芦头泡馍而闻名的老字号饭店。

春发生葫芦头泡馍历史悠久。据传唐时，长安曾发生瘟疫，市民无奈将猪肠入食，名叫"煎白肠"，腥臊冲鼻，食者寥寥。名医孙思邈来到长安，偶食煎白肠，难忍腥臊。遂从药葫芦里取出西大米、上元桂、汉阴椒等芳香健胃且

春发生饭店门口

葫芦头泡馍

能解腥去腻之药投入锅中，并将药葫芦赠给了店主。配入这些香料的"煎白肠"，香气四溢，味道大变，从此食者雀跃，门庭若市。店家不忘医圣之恩，将药葫芦悬挂门首，并把"煎白肠"改名为"葫芦头"。时光流逝，唐代葫芦头历经改良，声誉日隆。1923年，在猪肉店掌柜何乐义的手里又完成了一次飞跃。他锐意改进，选料求精，操作有考究之风。将猪肚、白肉、鸡肉、骨头汤，混而烹制熬煮。推出了肥嫩、鲜美、爽口的风味食品"葫芦头泡馍"。一位名士享用之余，借杜甫《春夜喜雨》的诗"好雨知时节，当春乃发生"之句，为何掌柜的店取名"春发生"。此后，春发生葫芦头泡馍馆成了誉满大西北和全国的名店，至今盛名不衰。

如今，春发生葫芦头泡馍馆今改为春发生饭店，品种发展到海味葫芦头、鱿鱼葫芦头、鸡片葫芦头、大肉葫芦头、时鲜葫芦头、特制葫芦头、双宝葫芦头、砂锅葫芦头、火锅葫芦头等，形成了一整套葫芦头系列品种。葫芦头味醇汤浓、鲜香可口，馍筋肉嫩，肥而不腻，难怪西安人夸奖葫芦头的美味时说："提起葫芦头，嘴角涎水流"。

人均消费：40元。

开门时间：8：30—21：30。

交通导航：乘坐706路、707路公交在南院门站下车，向东80米即到。

老孙家饭庄——吃羊肉泡馍的好去处

老孙家饭庄始建于清光绪年间，是一家百年老店，其经营的牛羊肉泡馍堪称"天下第一碗"。

与同盛祥齐名的西安老孙家饭庄有着更悠久的历史，它始创于 1898 年（清光绪年间），由西安人孙广贤、孙万年叔侄创办，已有 103 年历史，以经营具有浓郁西部特色的牛羊肉泡馍、清真大菜和纯正民族风味小吃而闻名。老孙家饭庄 1993 年被国内贸易部认证为"中华老字号"，2002 年被中国烹饪协会授予"中华餐饮名店"，中央军委原副主席刘华清为其题词"天下第一碗"。

老孙家历来十分重视质量。过去是派专人去宁夏选购优质羊，自己往回赶，自宰、自用，煮肉、泡馍，除采用各名店老店共同的方法，还有自己的独到之处，比如加少许酱油，为的是杀腥遮膻，使其色泽金黄。因为风味浓郁，赢来高朋满座。当年的陕西军政大员，如于右任、邵力子、张凤（岁羽）等，都曾是这里的座上客。虽经历过风雨沧桑，停业许久，如今，老孙家坐落在西安最繁华地带的东大街上，宽敞气派，依然顾客盈门。它是一座伊斯兰风格的典雅建筑物，楼顶上三座绿色圆顶并列，中间大圆顶上镶了一钩新月。营业面积有一千三四百平方米，分为大小十几个餐厅，可同时接待五六百名顾客。

老孙家饭庄之所以一直经营良好，并深受广大顾客喜爱，第一点是因为它不仅一直致力于弘扬西部清真美食文化，而且坚持在继承传统菜品的基础上，不断推陈出新，丰富菜品，创新了一系列独特且具有吸引力的清真菜品。这就是在传承中求发展的成功例子。第二点就是老孙家的清真食品不仅斟酌用料、精烹细作、味道鲜美，而且在食物的加工制作过程中，严格遵循食品卫生要求，保证食品质量。这就是它成功的两个原因。

俗话说，"不吃老孙家羊肉泡馍，不算到西安"，这话一点儿不假。老孙家羊肉泡馍选料精，制作细，营养全，尤其是煮肉时独特的 16 味精选调料的用

老孙家泡馍

煮好的牛肉泡馍

法　，使得"料重味浓"，独树一帜，百年不衰。独具特色的牛羊肉泡馍肉烂汤鲜、滋味醇正、馍筋光滑、色泽光亮、香气四溢，令人回味无穷，与老孙家白云章清真饺子、清真大菜、风味小吃、腊牛羊肉、清真月饼、清真涮锅、芝麻烧饼并称"老孙家饮食八绝"，享誉国内外。

人均消费：40元。

开门时间：8：00—20：00。

交通导航：乘坐46路、251路、309路、502路、706路公交在端履门站下车即到。

贾三灌汤包——天下清真第一笼

贾三灌汤包是由著名清真饮食技师贾三先生潜心多年创制的。其鲜香肉嫩、皮薄筋软、外形玲珑剔透、汤汁醇正浓郁的特点使之成为古城西安有名的风味小吃。

贾三灌汤包在西安无人不知，被誉为"古城第一笼"。说起这么有名的西安小吃，我们还得从贾三这个人说起，贾三是回族人，他发扬民族传统饮食一技之长，凭着吃苦敬业的精神，在研究、吸收南北各地清真风味小吃的优点后，创新出了以秦川黄牛肉为馅，以纯牛骨髓原汤为汁的灌汤包。随后，数家仿效，逐步形成古城西安一清真名小吃，小小汤包使贾三成为了西安古城的名人。

贾三包子馆全名叫"西安贾三清真灌汤包子馆"，你会在西安热闹的回民街很容易地找到它。这个店有三层，进门就是写《白夜》的作家贾平凹的题词屏风，沿大厅、楼梯上楼满眼都是贾三先生和各界政治、国家领导人、文化、体育名人的合影照片，还有名人题字等。这时你会惊异地发现几乎全国所有的名人都品尝过贾三灌汤包子。贾三以"灌汤包"享誉全国的同时，也赋予灌汤包子无限的价值和意义，蕴含着许许多多令人思考的东西。只有在贾三灌汤包子的店堂里，你才能真正地发现包子的文化和文化的包子。

贾三清真灌汤包

贾三正宗灌汤包子的制作工艺复杂考究，用料严格精细，皮薄如纸，它的外形好似菊花，像是一件漂亮的艺术品。吃灌汤包要讲究方法：先用筷子夹住包子收口处，轻轻上提，同时左右摆动，使包子底逐渐脱离笼垫；然后用汤匙托住包子，将包子咬破一个小口，然后轻轻吹气，待其稍凉，吸出汤汁，品尝其鲜香；最后将包子蘸着佐料吃，蘸料以酱油、醋、香油、辣子油、蒜水等调料调配而成，蘸取适量佐汁，入口细品，其馅滑嫩、汤浓厚、皮筋韧，味爽口味道很醇正。如果再配以八宝粥或黑米粥一起进食，则别有一番风味。

如果来到西安，你无论如何都该去品尝贾三灌汤包子的，去品味贾三先生透彻人心的清真和精彩绝伦的技艺，去领略那里的民族风情，去品味那里的文化。到西安，如果你找到贾三灌汤包铺，你就算是找到了真正的小吃了。

人均消费：23 元。

开门时间：8：10—22：00。

交通导航：乘坐 7 路、205 路、215 路、222 路、252 路、612 路、618 路、游 8（610）路公交在钟楼（西）站下车，到鼓楼北边的回民街上就能找到。

红火的西安贾三清真灌汤包子馆

樊记腊汁肉——千年回味　唇齿留香

樊记腊汁肉俗称腊汁肉夹馍，其历史悠久，远近闻名，是由樊凤祥父子创于 1925 年。其色泽红润，气味芬芳，肉味可口，糜而不烂，浓郁醇香，深受大家喜爱。

相传，唐朝时期，长安城东有位姓樊的官宦人家，为人正直。那年陕南遭受水灾，不少人逃至长安。樊家开仓放粮，救济难民。一天，樊老爷朝拜回府，行至东门外，看见一个衣衫褴褛的小伙跪在一具尸体旁放声痛哭。经打听，才知他随母逃难至此，不幸母亲身亡，无法安葬。樊老爷十分同情，命家人帮助安葬了老母，并赠银百两，让其谋生。

十年后，小伙经营腊汁肉发了大财。为报樊府之恩，借樊老爷 80 寿辰之机，用百株花椒树木料做成棺木。再从 10 头生猪身上剔下 500 斤精肉，烹制成上等腊汁肉放进棺内，密封后送进樊府。樊老爷寿辰吉日，客人甚多，对棺木没有在意。由家人抬入后院柴房后，一放就是几年。后来，樊老爷触犯了朝廷，被削职为民，满腹怨恨，一病离开了人世。没过几年，家产也变卖一空，樊家生活日趋艰难。这时，家人禀告老夫人，柴房内有一棺木，可变卖度日。不料几个人去抬棺木却抬不动。樊夫人有些诧异，命人打开查看。原来是满满一棺木腊汁肉，其香气四溢，色泽鲜嫩。她让家人拿一些上街去卖，一时便卖完了。吃到的赞不绝口，没吃到的感到遗憾。这消息不胫而走，登门买肉的越来越多。樊家就在门口开了户门面，生意非常兴隆。眼看棺木中的腊汁肉即将卖完，生活又将没有着落。樊夫人出了个主意：买些鲜肉，用棺木中的肉汁（汤）煮成新的腊汁肉，仍然保持着原味。樊家便长期开起了腊汁肉铺，名气也越来越大。

时光荏苒，岁月如梭。直到 1925 年，樊凤祥父子才又在西安竹笆市街南端挂起"樊记腊汁肉"的牌子，并在继承唐代传统技法上加以改进。樊记腊汁肉不仅选料精，辅料全，火功到，而且用多年陈汤煨制，所以制出的肉颜色红润、软烂酥香，并且久贮不变，即使是在盛夏世界存放数月依然可以保持肉质的鲜美。

樊记腊汁肉店

　　如今的樊记腊汁肉已经发展到用竹篓等包装后远销京、沪一带。吃过的人都称好，人们称赞它："肥肉吃了不腻口，瘦肉无法满嘴油。不用牙咬肉自烂，食后余香久不散。"

人均消费： 20元。

开门时间： 8：30—20：30。

交通导航： 乘坐7路、205路、215路、222路、252路、612路、618路、游8（610）路公交在钟楼（西）站下车，往东找到中环广场，然后在向南走100米即到。

子午路张记肉夹馍——好吃又管饱

子午路张记肉夹馍因肉色鲜、肥而不腻而出名。其创始人赵卫历尽艰辛，经过多年努力，壮大了其规模。

　　西安的腊汁肉夹馍由来已久，名家名店层出不穷，而"子午路张记腊汁肉夹馍"无疑是后起之秀之中的佼佼者。

　　子午路张记腊汁肉夹馍的创始人名叫赵卫，祖籍在我国著名的厨师之乡蓝田。因其自小家境贫寒，无奈只能中途退学，之后跟随熟人到西安打工，在大大小小的饭馆餐厅之间奔走，一面工作救济家庭，维持生活，一面孜孜以求苦学技艺。打工的十年间，历尽辛酸。后来靠自己发愤图强，自立门户，并在西安原子午路上开始摆摊，卖起了腊汁肉夹馍。他不仅秉承传统技艺，汇集各家之长，而且自身刻苦钻研，对腊汁肉、馍的做法及肉夹馍的吃法，在前人的基础之上不断加以改良创新，力求味美、健康、营养，加之经营诚信，热忱待客，不知不觉就卖出了名气。2002 年，他以"子午路张记"注册自己的品牌。经过几年的努力，现在子午路张记肉夹馍已经发展成了拥有 20 多家直营店、加盟店、合营店的连锁规模。他独创的肉夹馍也频频获得"西安名贵小吃""全国诚信经营示范店""消费者信得过陕西名优小吃"等称号。

　　子午路张记肉夹馍不仅选料精、配料全、火功到、肉色鲜、皮薄，而且入口鲜香酥软、肥而不腻、油而不汪，食后唇齿留香，令人余味无穷。

人均消费： 35 元。

开门时间： 8：30—21：30。

交通导航： 乘坐 4 路、13 路、15 路、17 路、42 路、105 路、213 路、216 路、231 路、240 路、301 路、511 路、605 路公交在五路口站下车即到。

老白家水盆羊肉——西安有名的水盆羊肉

老白家的水盆羊肉汤清肉烂，鲜嫩爽适，味美可口，是西安有名的水盆羊肉。

　　水盆羊肉历史悠久，由商周时代的"羊臐"演变而来。据传它起源于明朝崇祯年间，慈禧太后赐名"美而美"，是西安夏季的应时小吃，因其在农历六月上市，故称"六月鲜"。

　　相传，南北朝时，战争不断，百姓遭殃，有个叫毛修之的人被俘，由于他有烹调手艺，向宋武帝献羊肉汤，其汤味道鲜美。他也由俘房变为太官令，以至后来高升至南郡公。经过隋唐、五代、宋元等朝代，各族人民迁移大交流，进入内地居住的多，原有的民俗"渐变旧俗"。唐太宗李世民的母亲窦太后是

店内牌匾

古朴的环境

鲜卑人，其皇后长孙氏也是鲜卑人。各民族间互相通婚，必然使饮食风俗也受到影响。西安市地处中原腹地，与牧区比较接近，历史上是牛羊交易的理想场所。西安市现在的东羊市、西羊市、牛市巷、骡马市等历史街名，都证明了水盆羊肉的形成和发展。明朝末年，闯王李自成率领农民起义军准备离开西安前往攻打北京之际，关中的老百姓纷纷用水盆羊肉慰劳义军，义军将士受到鼓舞，一鼓作气攻入北京，推翻了明王朝的腐朽统治。

如今的西安老白家水盆羊肉店铺位于碑林区北广济街口，是原来回民街最好的两家水盆之一。

老白家的水盆羊肉非常正宗，是大家公认的。其羊汤鲜美，羊肉软烂，糖蒜又大又干净，地道的油泼辣子，里面的粉条煮得刚刚合适，吃到嘴里非常地舒服，再配上早上新做的托托馍，把馍泡入汤中一碗连吃带喝，也可以吃一口馍喝口汤，浓香可口，埋头于大碗和大馍之中，尽显浓郁的西北风。不仅如此，水盆羊肉还很有营养，羊肉性温味甘，既可食补，又可食疗，为优良的强壮祛疾食品，有益气补虚、温中暖下、补肾壮阳、生肌健力，抵御风寒之功效。常可见众多顾客在此吃得汗流浃背。

人均消费： 20 元。

开门时间： 8：00—20：00。

交通导航： 乘坐 4 路、7 路、15 路、43 路、201 路、215 路、221 路、252 路、300 路、604 路、611 路、612 路、622 路公交在广济街站下车，往北 200 米即到。

魏家凉皮——韵韵秦风飘满香

推荐星级：★★★

魏家凉皮店在西安有着悠久的历史，是经久不衰的风味小吃。它绵软润滑，酸辣可口，爽口开胃，一直受到人们的喜爱。

  凉皮是陕西的特色风味小吃，魏家凉皮则是其中的佼佼者之一。关于它的起源有这样的叙述：相传，秦始皇时期，陕西户县秦镇一带非常干旱，田野里几乎寸草不生，农民无法向朝廷交纳大米。朝廷的官员却根本不理会，天天逼着农民交纳大米。有个叫李十二的农民想出了一个办法。他把大米碾成面粉，蒸出面皮，献给秦始皇。秦始皇吃了一口以后，觉得这面皮不但鲜嫩、滑爽，而且口感很好。马上重赏了李十二，让他每天都给皇宫纳供面皮，还免去了当地所有老百姓一年的大米交纳。

  魏家凉皮作为关中的一种经久不衰的知名民俗小吃，它的魅力不仅在于那股酸、辣、爽、冲的味道，符合关中地区百姓的口味，而且加上凉皮本身的筋道爽滑，暗合了关中地区百姓豪爽的性格。所以，凉皮本身及辣椒醋调料都要上乘地道。再则，凉皮量不大，每碗在五两到七两之间，而且含水量大，不会让人有饱胀的感觉；相比其他传统食物，它以价廉物美的特点而拥有着众多顾客，并且现今的凉皮工艺逐步在创新，成为了游客和本地人喜爱的美食之一。

  在西安，无论是街边的小摊还是路旁的店铺，都会看到让人垂涎三尺的魏家凉皮。男女老少皆爱吃，尤其受年轻姑娘欢迎，夏天吃的人更多。一年四季都能看到卖凉皮的摊点：一张桌子，被几个小板凳上的食客围着。如今凉皮不但是街头小吃，而且还登上各大饭店、酒楼的大雅之堂。

魏家凉皮

诱人的凉皮

人均消费： 7 元。

开门时间： 8：30—21：30。

交通导航： 乘坐 20 路、243 路、315 路、315 路区间、409 路、502 路、527 路、712 路、718 路、723 路公交在长缨宾馆站下车，往西 100 米即到。

葫芦鸡

葫芦鸡——无与伦比的美味鸡

葫芦鸡历史悠久，已流传千年以上，被列为西安十大名菜之一。其色泽金黄，举箸一抖，骨肉分离，皮酥肉嫩，香烂味醇，令人回味悠长，固而享誉国内外。

葫芦鸡又叫"囫囵鸡"，是古都长安的一款传统名菜，因其形似葫芦而得名。它以皮酥肉嫩、鲜香味醇的特点为中外宾客所赞誉，久负盛名，有人誉之为"古都长安第一味"。菜香味浓烈，一盘上席，满室生香。1988 年，获商业部优质食品"金鼎奖"，是西安饭庄看家菜之一。

关于葫芦鸡的由来，还有这样一个故事。相传，葫芦鸡创始于唐代天宝年间，出自唐玄宗礼部尚书韦陟的家厨之手。据《酉阳杂俎》和《云仙杂记》记载：韦陟出身于官僚家庭，凭借父兄的荫庇，贵为卿相，平步官场。此人锦衣玉食，穷奢极欲，对膳食极为讲究，有"人欲不饭筋骨舒，夤缘须人郇公厨"（韦陟裴郇国公）之说。

有一天，韦陟严命家厨烹制酥嫩的鸡肉。第一位厨师采用先清蒸、再油炸的办法制出，韦陟品尝后认为肉太老，没有达到酥嫩的口味标准，大为恼火，命家人将这位厨师鞭打五十而致死。

第二位厨师采取先煮、后蒸、再油炸的方法。酥嫩的要求都达到了，但由于鸡经过三道工序的折腾，已骨肉分离，成了碎块。韦陟怀疑家厨偷吃，不容家厨辩说，又命家丁将家厨活活打死。慑于韦陟的淫威，其他家厨不得不继续为其烹饪。

第三位家厨接受了上两位家厨烹制的经验教训，在烹制前用细绳把鸡捆扎起来，然后先煮，后蒸，再油炸。这样烹制出来的鸡，不但香醇酥嫩，而且鸡身完整似葫芦。这时，韦陟才满意。后来人们把用这种方法烹制出来的鸡叫做"葫芦鸡"，一直流传至今，声名远扬。

1936 年爆发了震惊中外的西安事变。期间，周总理就用此菜宴请过爱国将领张学良、杨虎城将军，品尝过后均得到一致好评。

葫芦鸡的传统选料是西安城南三爻村的"倭倭鸡"。这种鸡饲养一年，净重 1 千克左右，其肉质鲜嫩。制作时，经过三道基本工序，即先清煮，后笼蒸，再油炸。蒸时将煮过的鸡放人盆内，加酱油、精盐、葱姜、八角、桂皮、料酒，再添些肉汤，入笼蒸熟。油炸技术要求严，菜油烧八成熟，将整鸡投入油锅，用手勺轻轻拨动，约炸半分钟，至鸡成金黄色，立即用铁笊篱捞出淋净，随即放入菜盘上桌。另带一碟花椒盐佐食。

人均消费： 39 元。

推荐去处： 西安饭庄。

交通导航： 乘坐 29 路、118 路、201 路、203 路、214 路、218 路、235 路、251 路、300 路公交车至端履门站下车步行可达。

枸杞炖银耳——高级滋补名羹

枸杞炖银耳为西安十大名菜之一，流传千年，其味道甘美、滋补效能高，红白相间，寓意为"清白"与"赤诚"。

枸杞炖银耳是西安饭庄的风味名羹。它香甜可口，红白相间，相映成趣，且具有较高的滋补、健身价值。

据传，辅佐刘邦兴汉灭楚的"三杰"之一张良，运筹帷幄，屡建奇功，是汉王朝的开国元勋。汉政权建立后，一大批开国功臣相继遭到杀害，张良为了免遭诛戮，辞官归隐，到陕南秦岭山腹的留坝县学道。这留坝县四周皆山，地域偏僻，人迹罕至。张良在这里远离尘世，甘与鸟兽同伍，不与权贵往来。隐居期间，他常常以当地所产的银耳清炖为食，以意寓自己的"清白""高洁"。于是清炖银耳便在达官贵人中流行开来，一直风行了六七百年之久。

唐朝初期，房玄龄和杜如晦协助李世民发动"玄武门之变"杀死太子李建成。夺得了政权后，房、杜二人又辅佐李世民共掌朝政，是历史上有名的贤相。他们认为，大丈夫不能只图自己清白的名声，如果死得有价值，抛头颅、洒热血又有何妨？于是，他两人在清炖银耳的基础上，加入润肺补肾、生津益气、色红似血的宁夏枸杞，形成了具有西安风味的名贵之羹——"枸杞炖银耳"。这道菜流传至今，是筵席上一道珍贵名羹，是老少咸宜的滋补佳品。

枸杞、银耳都是祖国医学宝库中久负盛名的良药和席上珍品，枸杞有润肺补肾、生津益气之功；银耳有滋阴润肺、生津、提神、益脑、嫩肤之功效。此品红装素裹，羹汁浓稠，甘甜绵滑，易于吸收，滋补健身，是富有西北风味的传统名菜。

人均消费：60元。

推荐去处：西安饭庄。

交通导航：乘坐29路、118路、201路、203路、214路、218路、235路、251路、300路公交车至端履门站下车步行可达。

口蘑桃仁汆双脆

口蘑桃仁汆双脆——玲珑剔透

口蘑桃仁汆双脆是传统陕西菜，相传初唐武则天时，她的厨师以猪肚头和鸭胗制成一道菜，名为"擤双丞"，影射当权酷吏尚书左丞周兴和御使中丞来俊臣。

　　口蘑桃仁汆双脆又叫秦味汆双脆、擤双丞，是关中地区著名的传统风味市肆宴席汤菜，也是当时官府宴席上的高级汤菜之一。

　　口蘑桃仁汆双脆这道菜源于盛唐时期，原名"擤双丞"，是影射武则天的尚书左丞周兴和御史中丞来俊臣的。周兴脑满肠肥，来俊臣刑讯时呱呱乱叫，像个母鸭．人们把他们合称"猪鸭"。两人都是唐代的酷史，满朝文武、百姓被其陷害含冤至死者多达数千人，人们无不切齿痛恨。长安西市的张家楼饭店里有一刘姓厨师，其徒弟因送错了菜，被周兴一帮酷吏抓去活活打死。刘师傅满腔愤恨，特用猪肚头和鸭珍在滚水里一汆，做成脆嫩鲜香的菜肴，取名"擤双丞"，暗示人们向朝廷投递诉状告发"二丞"。人们品尝佳肴，领会其意，纷纷写状子告发周兴和来俊臣贪赃枉法。后来，周兴果真被武则天放逐岭南，死于途中；来俊臣被武氏诸王和太平公主处死，解了满城百姓心头之恨。撺双丞也因此更加出名。后来，因这道菜的主要工序是"汆"，加之两种主料吃来脆嫩，改名"汆双脆"。

千百年来，经过厨师的不断改进，汆双脆的做法更为细腻。以猪肚仁、鸭（鸡）胗、核桃仁、口蘑为毛料，配玉兰片、多种调料汆制而成。雪白的肚仁、枣红的鸭胗、辅料中梅花形的口蘑、桃仁，犹如朵朵鲜花，竞相争艳，食之味鲜爽口，肚胗脆嫩。其含有多种维生素及矿物质，营养价值较高，是宴客的佳品。

人均消费：60元。

推荐去处：西安饭庄。

交通导航：乘坐29路、118路、201路、203路、214路、218路、235路、251路、300路公交车至端履门站下车步行可达。

奶汤锅子鱼

奶汤锅子鱼——沸汤涌涌　鱼香满锅

奶汤锅子鱼始于唐代宫廷菜肴"乳酿鱼"，历史悠久。用铜火锅为炊具，以黄河鲤鱼为主料，煨以汁如乳的荤汤，上席后点燃白酒，香气四溢，鱼肉细嫩，汤汁鲜美。

　　奶汤锅子鱼是一道历史悠久的长安古菜，有 1300 余年历史。先用于宫廷御宴之上，后逐渐出现于官邸宴席上，后传入民间，经久不衰。据说，自唐中宗李显时，大臣拜官，按例要献食天子，名曰"烧尾宴"，取意"鱼跃龙门"，前程远大。韦巨源官拜尚书令左仆射时，进献的食单中有"乳酿鱼"。奶汤锅子鱼即由"乳酿鱼"演变而来。而奶汤锅子鱼所使用的盛具紫铜火锅，历史极为久远。

　　火锅创始于南北朝。据《北史》记载，我国古代有一个称为"獠"（liáo）的少数民族，"铸铜为器，大口宽腹，名曰'铜爨'（cuàn），且薄且轻，易于熟食"。这就是我国最早的"铜火锅"。到了唐代，又有一种叫"暖锅"的小火炉，里面装上炭火，上面放上陶制的砂锅，百鲜俱陈，任客烹煮，暖意融融，助人食兴，故名"暖锅"。唐代大诗人白居易"绿蚁新醅酒，红泥小火炉"诗中的"小火炉"，即这种"暖锅"。北宋汴京,火锅在市肆间已不鲜见。元代以后,又传来了蒙古人涮牛、羊肉的食法,进一步丰富了"火锅"的内容。公元 17 世纪,清宫御膳房的"膳单"上,把猎来的松鸡、山鸡、狍鹿、野鹿之类的"野意火锅"列于佳肴之首。 火锅在全国盛兴,是 18 世纪中叶的事。由于乾隆喜欢饮酒、作诗、吃火锅,所以在乾隆几次下江南时,所到之处,都为他准备了火锅。当乾隆退位、新皇帝登基之始的嘉庆元年,文武百官朝贺以后,在宫中摆设了 1 550 多只火锅,成为历史上最盛大的火锅宴。自此,民间火锅大为盛行。除羊肉涮锅外,相继出现了白肉火锅、什锦火锅、菊花火锅,广东火锅等多种不同风味的火锅。

奶汤锅子鱼现为西安饭庄的看家菜。周恩来、叶剑英、董必武等老一辈革命家都先后品尝过并赞叹不已,故而名声远扬。此菜用黄河鲤鱼、火腿、玉兰片、香菇,奶汤等精心烹制而成。

奶汤锅子鱼的盛具则是用紫铜火锅,并以黄河鲤鱼为主料。不同于一般的火锅涮肉,它是用鸡、鸭、肘子和骨头等煨成乳白色的"奶汤";再将活鲤鱼去鳞、开膛,切成瓦块形状,与葱姜翻炒,再加入奶汤、火腿片、玉兰片、香菇片等,约烧三分钟,盛大紫铜火锅上席。此时,将火锅下的白酒点燃,锅中奶汤烧开,香气四溢,食者用筷子将鱼块夹出,蘸姜醋汁食用。吃过一半后可继续添加奶汤,并放入菠菜、豆腐等,煮开后又别有一番风味。鱼肉鲜嫩、汤浓味醇,色白如玉,真可谓是一道精致难得的佳肴。

人均消费: 60 元。

推荐去处: 西安饭庄。

交通导航: 乘坐 29 路、118 路、201 路、203 路、214 路、218 路、235 路、251 路、300 路公交车至端履门站下车步行可达。

酿金钱发菜——好运吃出来

酿金钱发菜形似金钱，寓意含发财致富，流传至今。鸡汤味鲜，鸡茸脆嫩，发菜绵软，营养价值高，很受欢迎，是西安十大名菜之一。

被誉为西安饭庄十大名菜之一的"酿金钱发菜"，形似铜钱，软滑爽口，营养丰富，历来一直受到人们的欢迎，国内外来宾一经品尝，莫不交口称赞。

酿金钱发菜始于盛唐。相传，唐代长安商人王元宝嗜吃发菜，每餐都要有一盘发菜佐食。后来王元宝成为长安城中富豪，城中商人以为王元宝的发迹是吃了发菜的缘故。所以纷纷仿效食用，并让厨师做成金钱形状，寓意为"发财致富"。从此，"酿金钱发菜"世代流传。直至新中国成立前的西安，还有些富商大贾举办宴席时的第一道菜多是"酿金钱发菜"。当然，意思无非是讨个吉利，祝愿发财而已。

"酿金钱发菜"之所以受到欢迎，在于它奇异的形态和隽永的美味。发菜因其色黑，形如乱发而得名。李笠翁在其《闲情偶集·饮馔部》有这样一段记载："菜有色相最奇，而为本草食物志诸书之所不载者，则西秦所产之头发菜是也。予为秦客，传食于塞上诸侯，一日脂车将发，见坑上有物，俨然乱发一卷，谬谓婢子栉发所遗，将欲委之而去。婢子曰不然，群公所饷之物也。询之土人，知为头发菜，浸以滚水，拌以姜醋，其可口倍于藕丝、鹿角等菜，携归饷客，无不奇之，谓珍错中所未见"。

所谓的发菜是一种野生的陆生藻类，但又与一般藻类不同，由多数单细胞个体连成长串，贴地生长在荒漠胶状植物的下面，偶尔也生长在溪水之中，所以又称为"地毛"。每年十一月至翌年五月，是发菜的采收季节。此时，在戈壁荒漠的草丛中，一丛丛天然生长的发菜，举目皆是。人们从沙草地中将它轻轻缕起，剔去杂草树枝及其他杂质，经过挑选整理，晒干即成为干发菜。质量好的发菜，发丝细长，色泽乌黑，水发后变为黑绿色，质地柔韧。这种菜产于甘肃、陕西、宁夏、内蒙古、青海和新疆一带，中原和江南难于得到，所以清人李笠翁云："发菜之得至江南，亦千载一时之至奉也。"

发菜的营养价值很高，味甘性凉，具有利尿、化痰止咳、解毒、滋补、顺肠、理肺等功效，对高血压、佝偻病、营养不良、慢性气管炎、妇女月经不调等病都有一定疗效。

酿金钱发菜的用料：以二两发菜为主料，以两张鸡蛋皮、三两鸡脯肉、三个蛋清和少许黄蛋糕为配料。先将发菜用温水袍开，淘洗干净，投入开水中稍焯一下，捞出，加盐、味精和绍酒拌匀；再将鸡脯肉斩成泥茸，加清水、蛋清、湿淀粉拌匀，放入食盐、味精用力搅拌，直至发起；接着将熟猪油 50 克（温度在 40℃ 以下）倒入搅匀，制成酿子；最后将蛋皮摊开，先抹一层酿子，摊上一层发菜，发菜上再抹一层鸡酿子，酿子上加一层黄蛋糕，卷起上笼。蒸 2 至 3 分钟取出，切成 7 至 8 毫米厚、形如铜钱的片，装入汤碗，浇入鸡汤即成。

人均消费： 39 元。

推荐去处： 西安饭庄。

交通导航： 乘坐 29 路、118 路、201 路、203 路、214 路、218 路、235 路、251 路、300 路公交车至端履门站下车步行可达。

三皮丝

三皮丝——皮脆肉嫩　清爽可口

三皮丝是陕西西安的古典名菜，始于唐代，原名"剥豹皮"，是以乌鸡皮、海蜇皮、猪皮三种不同颜色的皮为主料的一道佐酒佳肴。其柔韧脆嫩，风味独特。

"三皮丝"是继"氽双脆"之后，唐代长安人民鞭笞当时的奸臣、酷吏"三豹"而创制的又一个姊妹菜。其原称"剥豹皮"，后称"三皮丝"，是古城西安佐酒风味名菜。

"三豹"即中唐时殿中御史王旭、监察御史李嵩、李全交。这三人贪赃枉法，作恶多端，当时京师人民给他们起了绰号，称王旭为"黑豹"，李嵩为"赤黧豹"，李全交为"白额豹"。据《朝野金载》记载，三人"皆狼戾不轨，鸩毒无仪，体形狂蹄，精神惨刻"。他们伪造证据，随意捕杀无辜，审讯囚犯，必铺棘（即砭针）地上，令犯人仆卧，或削竹尖穿指，或用碎瓦搘(zhī，音支，支撑的意思)膝，囚犯受刑不过，往往被屈打成招，致冤狱累累。当时京中人甚至以"若违心负教，横遭'三豹'"起誓赌咒，可见"三豹"的残忍。

当时长安西市酒庙有一吕姓巧厨，特意剥乌鸡皮（黑色）、海蜇皮（浅红色）、猪皮（白色）做成佐酒小菜，暗含剥"三豹"皮之意，以发泄自己的愤恨。一日午时，两个文人前来饮酒，发现酒保端上来的菜肴黑、红、白三色分明，与往日不同，不解其意，招来厨师询问。厨师说："是我创制的新菜，叫'剥豹皮'。"两位文人相视而笑，心领神会，回去后广为宣传。从此，来这家酒店吃"剥豹皮"的人越来越多。时间一长，竟被小人告密，这家酒店的吕厨师惨遭"三豹"的杀害。

酒店厨师虽被杀害了，但用生命换来的佳肴"剥豹皮"却传遍了京城。有一个酒店为了纪念吕厨师，就将"剥豹皮"改名"三皮丝"继续经营，就这样"三皮丝"世代流传下来。

今日西安的三皮丝，在唐时"剥豹皮"的基础上，又有了较大的改进和发展。在选料方面，除熟鲜肉皮、海蜇皮外，还将乌鸡皮改为带皮熟鸡肉，并增加了肘花（或火腿）。先将这些主料和葱用刀切成5厘米长的细丝，再将花椒油烧热，泼入葱丝，与鸡丝一起用食盐、醋、白酱油拌匀，摆在菜盘的底部成三角形，接着将切好的鲜肉皮丝、海蜇皮丝、肘花肉丝分别放在鸡丝上面，堆成圆锥形，最后淋芝麻油即成。这个菜三丝鼎立，滋味各异，韧中带脆，清淡利口，佐酒者无不啧啧称赞。

人均消费：60元。

推荐去处：西安饭庄。

交通导航：乘坐29路、118路、201路、203路、214路、218路、235路、251路、300路公交车至端履门站下车步行可达。

石子馍——古老的饼

石子馍是流行于陕西关中地区的一种古老的小吃，其历史源远流长，它是一种用烧热的石子作为炊具烙烫而制成的馍。

陕西关中地区有一种制作奇特、风味别致的古老食品，叫作石子馍，也叫干馍。因其是将饼坯放在烧热了的石子上烙制成的，故而得名。由于其历史悠久，加工方法原始，因而被称为我国食品中的"活化石"。它油酥咸香，经久耐放，因此很受人们的喜爱，就连外宾吃后也大加赞赏。

石子馍具有我国烹饪史上石烹时代的明显特征。据传："神农时，惊讶食谷，释米加烧石上而食之"。到了周代，"燔黍，以黍米加于烧石之上，燔之使熟也"。这就说明石子馍是由远古的"燔黍"演变而来的，它经过了一个长久流传、不断改进的过程。

关于石子馍，还有一段有趣的传说。相传唐时，同州（今大荔县）曾将此饼作为贡品，当时叫鏊饼。由于同州人生性刚强、耿直不屈，因而被官府抓去时，"必怀此饼而去，用备狴牢之粮"。是说早有准备，一旦被投入牢狱时，因带有石子馍，不至于挨饿。清代袁牧在《隋园食单》里称石子馍为"天然饼"，并对它的制作方法做了详细的总结记述。

石子馍的原料是面粉、碱面、精盐、熟猪油、鲜花椒叶等，经和面、加工石子、制坯、焙烙几道工序制作而成，营养丰富，易于消化，携带方便，利于储存。石子馍不但是产妇、病人的营养食品，也是馈赠亲友、招待嘉宾、外出旅行的必备佳点。

虽然石子馍现在吃的人已不是很多了，但是还能偶尔在街头看到卖石子馍的乡下人，一块钱可以买好几张，又便宜又实惠，带回家去还能吃个新鲜。

石子馍

黄桂柿子饼——令你垂涎的点心

西安黄桂柿子饼也叫火晶柿子饼，是用陕西临潼特产的火晶柿子与面粉制成的风味小吃，金黄软绵、甜而不腻、芳香扑鼻，成为遍布古城西安的时令小吃。

　　陕西盛产柿子，含糖量较高，是著名的"木本粮食"植物。全省柿子约有190个品种，临潼的火晶柿子是优良品种之一，是制作黄桂柿子饼的优质原料。这种柿子的特点是果皮、果肉呈橙红色或鲜红色，果实小，果粉多，无核，肉质致密，多汁，品质极好。

　　柿子具有润肺生津的作用，且富含大量的维生素和碘，能有效治疗缺碘引起的地方性甲状腺肿大等症状。而且新鲜柿子具有凉血、止血作用；柿霜具有润肺作用，可用于咽干、口舌生疮等；柿蒂有降逆止呕作用。因此柿子深受广大群众喜爱。但新鲜柿子不宜存放，所以将其制成柿子饼便逐渐在群众中广泛被接受。上乘的柿子饼则当属黄桂柿子饼。

　　黄桂柿子饼是以临潼特产"火晶柿子"和面作皮，再配以黄桂、玫瑰、桃仁、白糖、冰糖、青红丝等，用上等板油搅拌作馅，用木炭火架起整锅烘烤而成，表面呈金黄色，口感绵软香甜。

　　关于黄桂柿子饼还有一个传说。相传300多年前，李自成西安称王后，临潼老百姓用火晶柿子拌上面粉，烙成柿子面饼慰劳义军，很受义军将士喜爱。后来，为了纪念李自成及义军，每年柿子熟了，临潼百姓家家户户都要烙些柿子饼。后经一代又一代厨师的不断改进，最后成为现在的黄桂柿子饼，且成为驰名的风味小吃，被誉为"关中名点"，在回民街沿街售卖。最上乘的黄桂柿子饼当属西安北广济街百年老店老徐家柿子饼。

每当金风送爽、丹桂飘香时节，西安、临潼的大街小巷、饭铺摊头便会风行黄桂柿子饼这种时令小吃。黄桂柿子饼形美味佳，形似油糕而稍厚，两面金黄恰似初升的朝阳；饼心绵软似饴，远闻桂香扑鼻，近食甘糯可口，不但为古城老少所喜爱，更吸引着中外广大游客的眼、鼻、口，无不欣欣然品尝果腹而后快。

刚入锅的黄桂柿子饼

出锅的黄桂柿子饼

人均消费： 2元。

推荐去处： 老徐家柿子饼。

甑糕——吃在嘴里　甜到心里

甑糕是西安和关中地区特有的风味小吃。蒸糕的深口大铁锅古名为"甑"，因此而得名。甑糕米枣交融，老幼咸宜，营养丰富，滋补性强，色泽鲜润，绵软黏甜，浓香扑鼻，久食不厌，风味独特。

甑糕是西安的特色小吃，以红枣和糯米为原料，是用甑蒸制成的糕。甑糕质地柔软细腻，这种甜品小吃是用糯米、芸豆和红枣蒸成，蒸熟后香味四溢。甑糕的下层白饭渗入枣色，呈鲜润的绛红色泽，上面一层芸豆，呈咖啡的褐色，再上层便是暗红色的枣泥，最后枣泥上又撒一层碧绿的葡萄干，卖相诱人。甑糕口感黏软香甜，又很饱腹，是西安人常吃的食品。

甑糕的历史悠久，源远流长。相传，几百年前由陕西传入。甑糕的古老，首先表现在它的炊具上，它是使用由最古老的蒸具"甑"演变而成的甑锅蒸制而成，这也是它得名的原因。

甑在原始社会后期已经产生，到了新石器时代又有了陶甑，商周时期发展为铜甑。铁器产生后，又变成了铁甑，如今也有用白铁叶子焊成的。陶甑蒸出来的甑糕质量最好。

甑糕是由 3000 多年前西周时期王子专用的食品"糗饵粉糍"演变而来。《周礼·天宫》有"羞笾之食糗饵粉糍"的记载，"粉糍"是在糯米粉内加入豆沙馅（古时叫"豆屑末"）蒸成的饼糕。先秦时的"粉糍"里并不放枣，到了唐代才发展成枣米合蒸。唐代尚书令左仆射韦巨源宴请中宗皇帝的"烧尾宴"中的"水晶龙凤糕"和现在的甑糕颇为相似。

由于红枣和糯米营养丰富，滋补强身，因而甑糕受到各阶层消费者的好评。当年冯玉祥将军把"西安甑糕"誉为"平民阶层的燕菜"，他到西安、关中地区开会，早点多食甑糕。村民赶集赴会，都要吃一盘甑糕打点；返回时还买上一两盘，以虎皮叶包装，带回家里让家人同享口福。

做甑糕在四关：一泡米，米是糯米，水是清水，浸一晌，把米心泡开，淘洗数遍，去浮沫，沥水分；二装甑，先枣子，后米，一层铺一层，一层比一层多，最后以枣收顶；三火功，大火蒸 2 小时，慢火蒸 5 小时。四加水，一为甑内的枣米加温水，使枣米交融，二为从放气口给大口锅加凉水，使锅内产生热气冲入甑内。做甑糕要会蒸，还要会铲，会装碟，用专用铲刀将甑糕铲得枣米交融，红白相映，装入碟中，如琥珀，似凝脂，激发食欲。

吃甑糕易上瘾。有一位作家，黎明七点跑步，八点赴甑糕摊吃三碗，返回关门写作至下午四点方停歇，数年一贯，写书十年，体壮、发黑、眼不近视。

秋、冬季节，西安城大街小巷随处可见甑糕摊贩，很多学生和上班族还把甑糕当作早餐。

人均消费： 7元。

推荐去处： 东南亚甑糕店。

金线油塔

金线油塔——丝丝心动

金线油塔是陕西的一道地方名吃。它从唐代长安著名小吃"油塌"演化而来，因其层多丝细，提起似金线，落下似金塔，故得名。其特点是松软绵润，油而不腻。

在古城西安，有一种深受人们喜爱的传统名贵小吃，因其外形如缕缕金丝盘绕，似层层塔楼相叠，即"提起似金线，放下像松塔"，故得名"金线油塔"。

金线油塔历史悠久，相传始于唐代，原名"油塌"。据《清异录》记载，唐穆宗时，宰相段文昌家里有一号称"膳祖"的老女仆擅长制作这种油塔，且技艺精湛。在 40 多年的时间里，她曾将此技艺传授给 100 多名女婢。据说，得其真传的只有 9 个女仆。西安民间传说，真正能够继承段丞相家老女仆制作"油塌"技艺的，只有一人，足见其制作技艺不易掌握。

之后，"油塌"传入民间。唐天授年间，长安城里就有这种"油塌"。《朝野佥载》说，当时有一位名叫张衡的官员，位至四品。武则天决定加一品，升他为三品官。一日退朝归来，路过街市，忽觉香气扑鼻，下马一看，原来是刚出笼的热"油塌"。张衡垂涎欲滴，便悄悄地买了一个在马背上就食，被御史弹劾，因而丢了乌纱帽。可见这种"油塌"吸引力之大，已经到了令人"闻香下马"的程度。

"油塌"的制作在清代时有了改进。选用上等面粉、猪板油等原料，并增加油饼层次，将饼状改为塔形，将烙制改为蒸制，名称也由"油塌"改为"金线油塔"，成为上乘美点。

20世纪30年代，西安南院门第一市场福记饭馆的马振贤师傅得到真传，他制作的金线油塔，驰名三秦。从那时起，直到50年代初，尽管饭馆地址迁移到西大街迎祥观巷口，并改名为"同福楼"，但金线油塔一直是"看家名点"，慕名而来的食客络绎不绝，每天接待酒席不断。由于油塔供不应求，时有顾客事先来店"占号"预约。1979年，在陕西省饮食业风味食品展销会上，金线油塔受到中外观众、客商的高度赞赏。

1997年12月，在首届全国"中华名小吃"认定活动中，西安饭庄的金线油塔被认定为"中华名小吃"。其风味特点是外形似缕缕金丝盘绕，入口松润绵软，油而不腻，营养丰富。食时如佐以酸性泡菜、甜面酱、葱白节，配以杏仁甜浆，则更为清爽利口，别有风味。如今，金线油塔已作为高档宴席点心，享誉四海。

人均消费： 3元/份。

推荐去处： 西安大街小巷均有。

镜糕——街头的甜蜜

镜糕是西安的一种名贵小吃，有上百年历史，其小如镜，也圆如镜，厚不盈指。筋道、柔软、香甜、现做现卖，深受年轻人喜爱。

镜糕是一种来自陕西西安地区的传统特色小吃，其小如镜，也圆如镜，厚不盈指。

说镜糕是小吃，不如说是艺术品。镜糕很小，材料及制作简单，是把糯米粉装入直径约 6 厘米大小的笼里蒸制而成，仅几分钟镜糕即可蒸熟。从笼里倒出来的镜糕，厚约 3 厘米，白白嫩嫩，形状若小圆镜，故名为"镜糕"。

镜糕有着上百年的历史，以糯米粉为主料，并用特殊木料手工雕刻成的蒸笼蒸制而成，陕西地方口音常把"甑"字念作"jing"（镜），以致也常有人把"甑"误写成"镜"字。为此曾有人专门撰文纠正"甑"字读音。可惜在解释镜糕时，仅凭读音去推断镜糕即是甑糕，将两种食品混为一谈。

各种口味的镜糕酱料

放入甑中蒸制

镜糕这种零食随流动三轮车而走，机动灵活，现蒸现卖。镜糕中最为有名的便属八宝玫瑰镜糕了，白色糕面点缀红、绿、黄糖粒，色泽看上去鲜嫩诱人，有草莓、蓝莓、哈密瓜等多种口味。吃时，用竹签扎一块，蘸一点白糖、芝麻或其他佐料，咬一口，绵软香甜，既好看又好吃，深受儿童和年轻人喜爱。外地游客逛西安，也喜欢举着这种"小镜子"，边走边尝。

人均消费： 3 元。

推荐去处： 回民街。

交通导航： 乘坐 7 路、205 路、215 路、222 路、252 路、612 路、618 路、游 8（610）路公交在钟楼（西）站下车，然后往鼓楼方向走，回民街就在鼓楼北边。

油茶麻花

油茶麻花——便宜又养人

油茶麻花是西安的一种小吃。油茶口感柔滑，香味扑鼻；麻花香香软软，嚼劲十足。麻花泡在油茶里，配以芝麻、杏仁、黄豆、花生干果，香味可一同把饥饿的感觉一扫而尽。

四处都有油茶，各地都有麻花，把两个捏合在一起的，似乎只有西安。

油茶麻花是西安的坊间传统小吃，经常被市民作为早餐。满满一碗油茶，里面泡着一根麻花，再撒上芝麻、花生、黄豆，这样一碗很便宜。如此实惠的早点，现在很不好找了。

油茶麻花虽价廉，但做起来却很费工夫。做油茶，要先用油和调料炒面粉，这时候火候很关键：火小了炒不熟，火大却容易炒糊。所以要小心控制火候，而且还要不停翻炒，一锅炒面往往得用好几个小时才能炒熟。面炒好后要先晾凉，然后用凉开水兑开，搅拌均匀，然后上火煮，再加开水不停的搅拌，撒上芝麻、杏仁、黄豆、花生等配料，最后再放提前炸好的麻花。

吃油茶麻花者以老人、孩子居多较多，一是易消化，二是养人，三是便宜。

油茶以小麦面粉和杏仁或油炸豆腐干加花椒粉等调味料，用清油炒熟熬成汤。油茶养人，所以常吃者无不红光满面，精神状态非同一般人。

油茶发汗下气，增益饮食，肠胃不好或体虚者可多吃。回民小吃溯源，《饮膳正要》不可少。这本书算是牛羊肉食疗的集大成者，其中描述油茶："羊油又作油茶，以油煎滚，用面粉炒黄搅之，佐以椒盐葱桂之类，以凝冷成团。每摘少许，煎汤饮之，冬日最宜，体温而适口。"

麻花金黄醒目，口感清新，齿颊留香；好吃不油腻，多吃亦不上火。富含蛋白质、氨基酸、多种维生素和微量元素。

麻花在油茶中这样一泡，绵软、可口，油茶芳香，有芝麻、杏仁、黄豆、花生、干果特有的香味，使人能一口气喝上两大碗呢！

人均消费：2元。

推荐去处：回民街。

交通导航：乘坐7路、205路、215路、222路、252路、612路、618路、游8（610）路公交在钟楼（西）站下车，然后往鼓楼方向走，回民街就在鼓楼北边。

蜂蜜凉粽子

蜂蜜凉粽子——清凉一夏

蜂蜜凉粽子是在凉粽子上淋上蜂蜜而成的一种传统小吃，以其凉爽甘甜、沁人肺腑的风味特点而闻名三秦，是理想的夏令食品。

每当夏季来临之时，在西安古城就有既不包馅、又不夹果、全用糯米制成的夏令风味小吃——蜂蜜凉粽子。

蜂蜜凉粽子是关中和陕南一带特有的流行夏令食品。它以糯米为主要材料，形似菱角，白莹如玉，清凉解暑。吃时用丝线或竹刀割成小片，放在碟子里，淋上蜂蜜或玫瑰、桂花糖浆，吃起来筋软凉甜，芳香可口，沁人肺腑，别有风味。

粽子是端午节的节日食品，古称"角黍"，传说是为祭投江的屈原而发明的，是中国历史上迄今为止文化积淀最深厚的传统食品。西安蜂蜜凉粽子，历史悠久。它始于唐代，是由唐代"烧蜂蜜凉粽子尾宴"上的"赐绯含香粽"演化而来的。

西安蜂蜜凉粽子，历史悠久。在长安长大的唐代段成式所著的《酉阳杂俎》中记载:
"庾家粽子，白莹如玉。"早在唐中宗年间，它就是当时盛行一时的"烧尾宴"
上的一道佳肴。那时叫"赐绯含香粽子"（蜜淋）。后来，长安城里也逐渐出现
了专门经营这种粽子的店铺，而且制作这种粽子的技艺已相当高超了。唐代著
名诗人元稹曾作诗赞曰:"彩缕碧筠粽，香粳白立团"。又据《岁时杂记》称:
"端午粽子名品甚多，形制不一，有角粽、锥粽、菱粽、筒粽、秤锤粽（又名'九
子粽'）"。由此可见，远在盛唐时期，长安蜂蜜凉粽子已是上至宫廷、下至民
间的著名食品了。

吃粽子的风俗千百年来在中国盛行不衰，每年端午节这天，中国百姓家家
户户都会包粽子，其花色品种更为繁多。而唯独西安的蜂蜜凉粽子只用糯米，
无馅，煮熟后晾凉，吃时用丝线勒成薄片，浇以蜂蜜与黄桂酱，吃起来是筋软凉甜，
香润滑糯。

陕西盛产蜂蜜，产量居全国第二；陕南和关中部分地方盛产糯米，制作蜂蜜
凉粽子有得天独厚的条件。蜂蜜凉粽子主料为糯米，糯米难于消化，一次食用不宜
过多。食用过多会增加肠胃负担，产生过多胃酸和腹胀等不适感。特别是老人和儿
童以及心血管病、胃肠道病、糖尿病患者更要少吃。吃粽子最好搭配蔬菜和水果，
以增加纤维质的摄取，使营养达到均衡。

人均消费: 5元/个。

推荐去处: 西安大街小巷的各个摊点均有。

酸菜炒米——不容错过的炒饭

酸菜炒米其实是炒饭，它是很有特色的陕西小吃，其味道酸酸辣辣，香而不腻。"红红酸菜炒米"是回民街相当有名的一家店，不容错过。

酸菜炒米其实是炒饭，"炒米"是西安当地人对这种小吃的统一叫法。将米饭与肉丝、蔬菜、鸡蛋等搭配一起食用，但最常见就是用酸菜肉丝炒制而成，俗称"酸菜炒米"。炒米将酸菜的酸、油的香混合，吃起来不仅酸酸辣辣，香而不腻，而且米饭不粘连，口感清爽。如果在吃的时候搭配涮牛肚、烤肉、酸梅汤、鸡蛋汤等美食一起吃，更有一番风味。在西安，最出名的店便是红红酸菜炒米。

红红酸菜炒米位于西安鼓楼回民一条街的北院门中段 110 号，门朝东开。大门上挂有黑匾金字，上面题写着金光闪闪、大小适中的"红红酸菜炒米"六个字，与同街的其他老字号的那种有名有姓的人题字书写的牌匾风格一致，看上去显得历史悠久、古香古色。进入店内一看，店不大，但人气却是十足，店内经常高朋满座。

红红酸菜炒米店内的炒米酸酸辣辣，非常有味道：酸菜不仅解了肉的油腻，而且酸辣味又刺激了人的食欲，荤素搭配相得益彰，加之佐料和火候拿捏得都非常到位，都在诱惑你一口一口往嘴里送；此外还有涮牛肚、酸梅汤、八宝稀饭等。涮牛肚由店员帮您端着，随要随取，彰显豪放气概。另外，酸梅汤一定不能少，解渴又清凉。一份酸菜炒米饭就可以吃得饱饱的了，价格也相当便宜，物美价廉真是莫过于此了。

人均消费： 16 元。

推荐去处： 回民街。

交通导航： 乘坐 7 路、205 路、215 路、222 路、252 路、612 路、618 路、游 8（610）路公交在钟楼（西）站下车，然后往鼓楼方向走，回民街就在鼓楼北边。

荞面饸饹——营养丰富的粗粮美食

荞面饸饹是陕西名小吃之一，已有600多年历史。其色黑条细，筋韧爽滑，挑起来不断条，清香利口。冬可热吃，夏可凉吃，有健胃消暑的功效，荞麦在所有谷类中被称为"最有营养的食物"。

饸饹是我国北方的传统风味食品，古称"河漏"。元代农学家王祯《农书·荞麦》中就记载："北方山后，诸郡多种，治去皮壳，磨而成面或作汤饼。"在李时珍《本草纲目》中也有记载："乔麦最降气宽肠，故能炼肠胃滓滞，而治浊滞、泻痢、腹痛、上气之疾。"荞麦在所有谷类中被称为"最有营养的食物"，经常食用荞麦食品对中老年人的健康大有好处，并有助于儿童生长和智力发育。

"荞面饸饹黑是黑，筋韧爽口能待客"，这是陕西关中一带对这种传统风味小吃的赞语。荞面饸饹是用荞麦面压制的一种细长的圆条形面食，荞麦是营养丰富的谷类食物。荞面饸饹制作时选用新鲜荞麦现磨现做，其特点是条细筋韧，清香利口。冬可热吃，夏可凉食，风味独特。如凉吃，加入油泼辣子、蒜泥、芥末等调味，极为爽口。西安有很多经营饸饹的餐馆，小摊点更不计其数。清真大寺西北角的教场门饸饹较为出名。

教场门饸饹起源于明末清初，至今已有几百年的历史了。最开始是由渭南县渭河北吕家村姓孟的一位老人在当地蔺家店开铺经营的，当时非常有名气。后来，孟家的后人孟兆武从十一二岁起就跟随父亲学习做饸饹，到了十七八岁的时候就已经成了远近闻名的把式。到了1932年，年仅20岁的孟兆武来到西安开始开饸饹馆，最先是在南院门第一市场，而后又搬到了教场门。此后几十年间，教场门饸饹在西安餐饮市场中已经独树一帜，名气大噪了。因为孟师傅深谙荞麦面的质地，制作工艺又独到，并且选用陕西关中千阳、陇县、白水、长武、蒲城一带所产的新鲜荞麦，现磨现做，压出的饸饹筋细、柔软，用筷子可夹起整碗饸饹，食后碗底不留一点断渣。再加上店里的调料齐全考究，风味与众不同，西安城里的人不仅爱吃，还称他做的饸饹为"教场门饸饹"，一直流传至今。

当年，爱国将领杨虎城将军曾多次品尝过孟兆武师傅的饸饹。在西安居住和工作过的孙蔚如、方仲如、李启明等老前辈也经常光顾，还用这种荞面饸饹招待客人。近几年，来西安旅游观光的中外游客也都慕名品尝，赞不绝口。教场门荞面饸饹遐迩闻名，名不虚传。

荞面饸饹经过千余年的锤炼和演变，因其味道鲜美，好吃不贵，现已经成为北方人爱吃且百吃不厌、独具特色的经典食品。

教场门饸饹馆

人均消费：9元。

推荐去处：教场门饸饹馆。

肉丸胡辣汤——暖暖的清真早餐

肉丸胡辣汤是西安人最经典的清真早餐之一，多由本地回民经营。稠稠的牛、羊肉汤，配以各种蔬菜，营养丰富，味道上口，彰显浓郁的西北风格。

肉丸胡辣汤是西安回族人的清真食品，现在的西安人把肉丸胡辣汤也作为一种早餐。食时配以烙饼，既营养丰富，又果腹耐饥。

西安回族人从事餐饮业，在调料上很下功夫，他们摒弃了酸味，改用更适应西北人的咸味来映衬羊肉汤、牛肉汤的香味。

煮牛、羊肉那可是回族人的传统项目，调料的丰富和其对火候的掌握自不待言。把重口味的胡椒分量减轻，以便更加突出肉和菜的口味。用回族人最常用的牛肉丸子（牛肉绞碎和面合，下水煮），更有口感并实在。辅料增多，加白菜、土豆块、菜花、胡萝卜块、木耳、黄花、腐竹、冬瓜等，下辅料的时间次序也不同，务必使每种菜软硬得当，看起来有点晶莹剔透的感觉，这样卖相好。

肉丸胡辣汤的肉丸较小，不比四喜丸子，也不如丸子汤的丸子大，其大小只有小拇指般，且原料一定要是牛肉，猪肉做的就不好。做好后如果再洒上些胡椒及香油，馍掰碎了泡在汤里，更是地道！是又香又辣，绝对过瘾！

肉丸胡辣汤在西安街头随处可见。如果你看到"刘家伊味香肉丸胡辣汤"的招牌，不妨去喝一碗雅名为"八珍汤"的香肉丸胡辣汤。既然叫"八珍"，自然是说它汤料丰富，而且，不同节令，"八珍"也不同。这家街边小店非常有名，很多人从大老远特地赶来，就为喝一碗胡辣汤，配上一个托托馍，呼啦呼啦几口，唤醒暖心暖肺的幸福感。

人均消费：5元。

推荐去处：刘家伊味香肉丸胡辣汤。

锅盔

锅盔——耐吃、充饥的民间小吃

锅盔是陕西地区流传已久的一种民间小吃，干硬耐嚼，内酥外脆，白而泛光，香醇味美、耐存放，被称为"陕西八大怪之一"。

　　锅盔又名锅魁、锅盔馍、干馍，是关中地区城乡居民喜食的传统风味面食小吃。锅盔原是当地外婆给外孙贺满月时赠送的礼品，之后慢慢发展成为关中地区的风味方便食品。

　　锅盔制作工艺精细，素以"干、酥、白、香"著称。用料取自麦面精粉，压杆和面，浅锅慢火烘烤。色泽金黄，皮薄膘厚，酥脆味香，能煮耐嚼，吃法多样。锅盔外形似锅盖，边薄中厚，表面还有轮辐状的花纹，硬实筋韧，酥香可口，是馈赠亲友的佳品。由于制作时掺水量少，成品含水量低，故极耐贮存，又便于携带，素为秦人出门远行携带的食品。

省外人编成的顺口溜《陕西八大怪》中，有一怪为"烙馍像锅盖"，指的就是锅盔。

关于锅盔还有一个传说。相传唐代时，官兵为武则天修建乾陵时，因修建工程浩大，征用了数万名匠人和民工。当时，有个叫冬娃的小伙子，从小失去母亲，和父亲两人相依为命，他生性聪明，勤劳朴实，很受乡邻的称赞。谁料后来父亲因病卧床，冬娃每天除了上山打柴外，回来还要给父亲烧菜做饭，天长日久这样干，便练就了一手烹调技艺。修建乾陵征用民工时，他替父亲去做工，因人多而工作又繁重，饭食往往不能按时吃，困苦不堪。有一天，他肚子饿得实在撑不住了，就悄悄地在路边挖了一个土窝窝，架上自己的头盔，把面和匀放在盔内，在盔下烧着柴火，过了一会儿，他从盔内取出烙成的馍一尝，酥脆可口。他高兴极了，就把这个办法告诉了同伴，让大家改用铁锅去烙，结果吃起来酥，闻起来香，一传十、十传百，就形成了这种独特的锅盔馍。后来历代劳动人民不断地改进制作方法，就发展成了今天的锅盔。

随着时代的发展，应时代要求，锅盔也在不断创新，葱香锅盔、五香锅盔也逐渐应运而生，做法也在不断的创新中。现今它已经成了西安名小吃之一，吸引着数以万计的游客前来品尝。

人均消费： 2元。

推荐去处： 西安大街小巷均有。

秦镇凉皮

秦镇凉皮——最好吃的凉皮

秦镇凉皮是陕西很受欢迎的小吃之一，因主产于户县的秦镇，也叫秦镇米皮，以大米粉为原料制成，距今已有2000余年的历史。其特点是色白、光润、皮薄、细软、柔韧。

秦镇凉皮为陕西凉皮"四大花旦"之一，是陕西户县秦镇的著名特色小吃，因产于西安户县秦镇而得名，而得名秦镇米皮，它以当地出产的一种籼米制成。

秦镇即现今的秦渡镇，位于西安户县沣河的西岸，曾是西周的京畿之地。这里气候温和，土壤肥沃，所以盛产优质稻谷。选用这里出产的稻谷磨浆制成的米面皮子，以色白光润、筋薄细软、柔韧爽口而著称。

秦镇凉皮已有2 000余年历史，本地传说秦镇在秦始皇时期就已经开始有凉皮，为朝廷贡物，为全国各种凉皮之祖。

秦镇凉皮所以有名，主要是辣椒油的制作很讲究。辣椒面放在上等的油中，加入花椒、茴香等大料，用小火反复熬制，越熬越辣，越熬越香，辣油也越熬越红，越熬越亮。秦镇人自称他们制作辣椒油的方法是别人学不去的，所以秦镇凉皮的味道别人也就无法相比。秦镇凉皮和汉中凉皮的区别主要在软硬和调料上：秦镇的凉皮比汉中凉皮要稍硬，更适合一些年轻人、中年人。

秦镇凉皮选用生产于户县沣河西岸的稻谷磨面后制作，制作出来的皮子质量上乘。在制作时将大米粉调成糊状，平铺在多层竹笼内，然后用旺火蒸熟即可。这样做出的凉皮筋、薄、细、软，风味独特。吃时用近1米长、20多厘米宽的大铡刀铡成细丝，加入辅青菜、小豆芽等，调入佐料，好的味道全在辣椒油上，调好的凉皮全呈红色，辣里透香，在西安深受欢迎。

人均消费： 6元。

推荐去处： 西安大街小巷、各个饭店均有。

biángbiáng 面专卖店

biángbiáng面——面条像裤带

biángbiáng面是关中人最基本、最普通的面食，属于扯面，通过揉、抻、甩、扯等步骤制作，面宽而厚，犹如"裤腰带"，口感筋道，食用前加入各色臊子或油泼辣子，味辣而香，回味悠长。

biángbiáng面是陕西关中地区的一种知名传统风味面食。关于它的来历，有这样一个故事。传说，一位怀才不遇、饥寒交迫的秀才来到咸阳，路过一家面馆，听见里面"biáng——biáng——"之声不绝，一时饥肠辘辘，不由得踱将进去，吃了一碗色香味美的裤带一般宽的面条。吃完，竟忘了自己囊中早已空空如洗，无法付账，则哀求店家写字代替。他按照店家biáng——biáng面的发音，感慨自己一路坎坷，一边写一边歌道："一点飞上天，黄河两道弯，八字大张口，言字往进走，左一扭右一扭，东一长（zhǎng）西一长，中间加个马大（dài）王。心字底，月字忙，留个勾搭挂麻糖，推了车车走咸阳。"一个字，写尽了山川地理和世态炎凉。秀才写罢掷笔，满堂喝彩。从此，"biángbiang 面"名震关中。

民间还流行这样一个传说：秦朝时，咸阳街头常有老翁推车沿街叫卖biángbiáng面，常从渭河中舀水和面、煮面，碰到食客，就使劲扯动面团，直到变成又长又宽的裤带面，扔入沸水煮熟，盛入老碗，加入调料、清油，十分筋道爽口。

居住咸阳的秦始皇日夜操劳国事，厌倦了山珍海味，没有食欲。一名宦官前往街上买了碗adapt面送上，让秦始皇胃口大开。秦始皇问："这是何物？竟比山珍海味还味美上口。"宦官答："adapt面。"

秦始皇将其视为御用面食，不能让平民随意吃到，故御赐复杂字形，令百姓无法写出。

正宗的汉中adapt面，讲究的是条宽、面薄如纸，出锅的面带一层光泽，入口极为筋道，然后浇上用胡椒、姜、葱、醋等调料配出的高汤，浓而不腻，加上鸡丝或切碎的蛋饼、香菜等点缀，吃起来很光滑、柔软，有筋道。为"陕西八大怪"之一。

人均消费： 7元。

推荐去处： 西安各大小饭馆均有。

第 8 章

老西安的风土民情

听秦腔——吼不尽的民间艺术

推荐星级：★★★

秦腔最早是起源于秦地先民的即兴歌舞，在明清时期达到鼎盛，主要流行于西北各地。其声调高亢激扬，慷慨激越，几近于吼。吼出悲喜无常的人生，是秦人表达快乐、倾吐感情的最佳方式。

古往今来，高天厚土的关中大地一直回荡着慷慨豪迈的乐声。秦腔，是放开嗓子吼出来的。这古老朴实的调调吼出了陕西人的血性，也吼出了八百里秦川的大气。西安，这座身处关中大地中心的千年古都，更是亲眼目睹了无数的起起落落、沧海桑田。这些盛衰无常的人与事，也成了秦腔里惹人惊叹的情节。西安，秦腔，是生长在同一片土地上的同胞兄弟。要想真正了解西安，了解关中大地，须真正听懂这荡气回肠、粗犷"火爆"的腔调。品一吼秦腔，嚼一地文化，在秦腔的韵味里嚼出西安这座千年古城的味道。

秦腔又称"乱弹"，是起源于古代陕西、甘肃一带的民间歌舞。经历代代人的创造而逐渐形成，很早就扎根在陕西肥沃的土地上。因周代以来，关中地区就被称为"秦"，秦腔由此而得名，是相当古老的剧种。因以枣木梆子为击节乐器，又叫"梆子腔"，因以梆击节时发出"恍恍"声，也俗称"桄桄子"。清人李调元《雨村剧话》云："俗传钱氏《缀百裘外集》，有秦腔。始于陕西，以梆为板，月琴应之，亦有紧慢，俗呼梆子腔，蜀谓之'乱弹'。"

秦腔艺术源远流长。相传唐玄宗李隆基曾经专门设立了培养演唱子弟的梨园，既演唱宫廷乐曲也演唱民间歌曲。梨园的乐师李龟年原本就是陕西民间艺人，他所做的《秦王破阵乐》称为"秦王腔"，简称"秦腔"。这大概就是最早的秦腔乐曲。其后，秦腔受到宋词的影响，从内容到形式上日臻完美。明朝嘉靖年间，甘、陕一带的秦腔逐渐演变成为梆子戏。清乾隆时，秦腔名角魏长生自蜀入京，以动人的腔调、通俗的词句、精湛的演技轰动京城。如今京剧的西皮流水唱段就来自于秦腔。

　　贾平凹先生在《废都》中说"八百里秦川尘土飞扬，三千万秦人齐吼秦腔。"这句话是秦腔独特魅力的真实写照。击节有力的梆子、尖细清脆的板胡，令人情绪激昂。声声地动山摇的唱腔，更吼得观众血脉贲张。作为地地道道的本土文化，秦腔毫不做作地唱出了陕西人的豪爽。在西安，大大小小的秦腔剧社星罗棋布。而其中历史最悠久、影响最广泛的、最能代表秦腔艺术最高水准的就要数位于西一路的西安易俗社了。

　　易俗社有百年历史，原名"陕西伶学社"，创办于 1912 年，与莫斯科大剧院和英国皇家剧院并称为"世界艺坛三大古老剧社"，也是西安最早的剧社。

秦腔扮相

它是由同盟会的成员李桐轩、孙仁玉先生等为"辅助社会教育、启迪民智、移风易俗"而一手创建的，"易俗社"由此诞生。

易俗社剧场是凝固的历史，记载着秦腔的发展和兴衰，具有深厚的文化底蕴，倾注着几代秦腔人的心血和感情。百年来，易俗社剧场上演的一段段岁月诗歌，使享有"中国多种戏曲的鼻祖"之称的秦腔被世人所熟知，培养出了众多秦腔著名表演艺术家，改编创作了大量优秀剧目，将秦腔这种古老的曲种传播四方。在硝烟弥漫的抗战时期，在如火如荼的建设年代，易俗社始终用三秦大地特有的"交响乐"，高声振奋着关中人的士气和胆气。恐怕只有这声震四方的腔调，才能唱出这片土地的喜怒哀乐。

易俗社每周五、周六晚上 7 点 45 分在西一路案板街的剧场演出，有电子屏幕显示唱词。在秦腔的著名剧目《秦琼买马》中，秦琼扮相威武，唱起来底气十足。起势突兀，声高八度，直冲屋宇，然后音调迅速滑落，如此往复，把末路英雄的悲壮弥散到空气之中，让听者坠入秦琼的世界里。

秦腔不是厅堂的艺术，它是扎根于土地的旋律，所以能够生动地反映出人民的愿望、爱憎、痛苦和欢乐，反映他们的生活和斗争，情感真切。它的声调高昂激扬，强烈急促，几近于吼，吼出来有一种泥土味，唱起来带有一种悲壮肃杀之气。没有京剧的婉转曲折，抑扬顿挫，没有越剧的情意深长，缠绵悱恻，更没有黄梅戏的深情款款，情意绵绵。秦腔自身的雄浑深厚，粗犷豪放，独特的有着在秦腔里长大的人才能读懂的深情、文雅与韵味。只有土生土长的秦腔，才能唱得出西安人的气魄，才能唱出这座城市的精、气、神。

门票信息： 155 元。

开放时间： 9：00—22：30。

交通导航： 乘坐 4 路公交在钟楼北站下车，沿西一路向东即到，或乘车至钟楼东，沿案板街向北可以到达易俗社。

看皮影戏——灯影里唱千年

皮影戏发源于陕西，历史悠久，以在灯光照射下用兽皮刻制的人物隔亮布演戏而得名，是深受中国人民欢迎的一种民间传统艺术。

一光、一幕、一洞天。挤在人群里看皮影戏，是许多老西安人曾经的共同回忆。皮影戏俗称"灯影戏"，发源于陕西，盛行于唐宋，距今有一千多年的历史，至今在民间流传。皮影戏以在灯光照射下用兽皮刻制的人物隔亮布演戏而得名，源远流长，广为分布，流派众多，其中尤以华县皮影戏最为著名。

皮影戏

陕西皮影戏起源于汉代以前，在关中地区很流行。《海阳竹枝词》中有首描写皮影戏演出的诗："张灯作戏调翻新，顾囊徘徊知逼真；环佩姗姗连步稳，帐前活见李夫人（汉武帝李夫人）。"这是皮影戏的初级阶段，而鼎盛期为唐代，当时皮影造型优美，表演技术成熟。以后的宋、元、明、清均有皮影表演。清末民初，西安有两个班子，一个是渭北皮影社，一个是江东皮影社。1950 年皮影老艺人谢德隆在政府的支持下，在北大街重新成立了"德庆皮影社"。"文化大革命"期间，陕西皮影社受到了摧残。现在皮影戏又以新的姿态走向广大农村，成为民间艺苑中的奇葩。

陕西皮影戏以秦腔为主，演唱者和操纵者配合默契。一般由幕后五位艺人操纵，还被叫作"五人忙"。传统剧目有《游西湖》《哪吒闹海》《古城会》《会阵招亲》等。由于皮影戏的演出装备轻便，唱腔丰富优美，表演领域广阔，演技细腻，千百年来，深受广大民众的喜爱。

在西安看皮影戏的地方不是很多，其中名气最大的要数大唐西市的雨田社。雨田社全名是"陕西雨田民间文化艺术团"，成立于 2006 年，它是将散落的民俗艺人集合到一起，致力于传承、保护、发展皮影戏，现有皮影演出团四个。在这里，您可以欣赏到古老的民间艺术，特别是一些老艺人的精湛表演会令你大开眼界。

门票信息：21 元。

开放时间：8：30—18：00。

交通导航：乘坐 6 路、24 路、43 路、106 路、107 路、201 路、311 路、322 路到大唐西市下车（劳南市场）可到达雨田社。

西安街头常见的皮影戏苑

学说地道陕西话——土得有味道

陕西话是陕西的方言，是中国西北地区最具代表性的方言之一，流行于众多影视剧作品中，深受公众喜爱。

一部《武林外传》的电视连续剧火了"佟湘玉"，也火了"佟湘玉"的扮演者闫妮。她那绵软、地道的陕西话，一口脆声慢语的"额滴神啊"等经典台词，被观众纷纷效仿。《卫生队的故事》在荧屏上热播，主演闫妮依然说着那口地道的陕西话，让人听起来非常舒坦。根据贾平凹先生同名小说改编的电影《高兴》风靡全国，无论主角、配角，其清一色的陕西话更是让全国观众捧腹大笑。而《疯狂的赛车》更是将陕西话诙谐幽默的喜剧效果发挥到极致。

其实荧屏上出现陕西话并不是自《武林外传》开始，早年郭达主演的小品《卖大米》就已将陕西话宣传到人尽皆知的地步；随后在张艺谋导演的《有话好好说》中，张导亲自客串，用地道的陕西话喊出的"安红，额爱你"几乎成为爱情电影中最经典的表白。

陕西西安自古是帝王都，历经十三个朝代，大概有两千年历史。中国的文化、语言、文字，都是在此期间形成和创立的。自西周在陕西建都开始，关中方言被称为"雅言"。《诗谱》载："商王不风不雅，而雅者放自周。"由于陕西曾经是周、秦、汉、唐四大朝代的国都，陕西方言曾经是当时的官方语言，因此古汉语、《史记》以及唐诗，都需要以关中方言来读，才能理解其中的一些词汇，读出当时的味道来。

陕西作为华夏文明的发源地，其历史文化的沉积非常厚重，它的方言既体现了浓郁的地方特色，又保留了我国古代汉语的特点。陕西方言号称生、冷、硬、倔、噌，讲起来简单明了，基本没有多余的修饰。感情表达上比较生硬，在一些影视剧中，杀手、土匪的角色往往都讲一口陕西话，有时候虽然是骂人的话，却给人以真实感，让陕西人民哭笑不得。陕西话的音调独特，表达诙谐幽默，不管你听不听得懂，光看架套、光听调子，就一定会忍俊不禁。

《武林外传》剧照

户县农民画——黄土地上的奇葩

户县农民画诞生于20世纪50年代，具有强烈的民族民间风情、浓郁的乡土生活气息、浑厚质朴的地域特征和鲜明的地方特色，是真正土生土长的民间艺术。

户县农民画源于民间。一群土生土长的农民，借鉴剪纸、绘画、年画、刺绣等民间艺术，创作出一幅幅乡土气息浓郁的现代民间绘画。农民画多取材于人物、动物、花鸟等，他们画土地，画庄稼，画猪狗牛羊，画春耕、秋收，画夏雨、冬雪，画户县美丽的自然风光，还画他们的农家小院。他们采用白描、勾线、平涂的表现手法进行创作，画面构图简洁而饱满，注重色彩对比，以大红大紫的色彩追求强烈的视觉效果，讲究装饰性趣味，想象大胆丰富，乡土气息浓郁，以反映农民自身生活为乐趣。风格浪漫稚拙、怪诞抽象、浑厚质朴、热情奔放、粗犷夸张，具有独特的艺术效果。新时期涌现出了雒志俭、王文吉、潘晓玲、曹全堂、张青义、李海林等一大批知名农民画家和《洗布》《两邻家》《吉日》《白桦林之秋》《关中八怪》等许多农民画精品。

户县农民画展览馆

户县农民画展览

户县位于关中平原中部，距西安 29 千米，是中国农民画最早的发源地之一，也是我国民间艺术园地里的一颗璀璨明珠。1988 年，户县是首批被国家文化部命名为"中国现代民间绘画画乡"称号的县城。

户县农民画自 1958 年诞生以来，为弘扬我国悠久历史文化，展示地域民俗民情，以及推动当地经济、社会和文化事业的良性发展做出了突出贡献。户县因为农民画而走向了世界，世界因为农民画认识了户县、走近了户县。

户县农民画展览馆是迄今为止全国最大规模的民间艺术展览馆，集中展现了户县农民画从萌芽、发展以及走向辉煌的过程。展览馆建成于 1976 年，位于陕西户县县城画展街中段路南。全馆占地 7 338 平方米，建筑面积 2 811 平方米，设有 8 个展厅，陈列作品 500 余件。所陈列的农民画作品以浓郁的乡土气息、质朴的地域特征和鲜明的地方特色享誉海内外。户县农民画展览馆迄今已接待了世界 90 多个国家和地区 80 万余名国际友人和 350 万人次的国内游客。现有重点骨干作者 300 多人，其中 38 人先后 45 次出访国外讲学、办展和表演，19 000 余件作品在世界 68 个国家和地区展出。

门票信息： 10 元。

开放时间： 9：00—18：00。

交通导航： 西安城南客运站有发往户县的班车，票价 10 元。

西安古文化艺术节——精美的文化盛宴

西安古文化艺术节是西安市每年 9 月举行的文化旅游节庆活动，它荟萃了陕西民间艺术精华，内容丰富，异彩纷呈。

自 1990 年开始，西安每年金秋九月都会举行连续 7 天的古文化艺术节活动。这项活动是西安市举办的一项大型的文化旅游节庆活动，在这一周时间内每天好戏连连，异彩纷呈，自 1998 年后改为西安古文化艺术节暨旅游节。

西安古文化艺术节浓缩了陕西民间各艺术的精华，其中有非常多的精彩节目和活动吸引着成千上万的游客前来观赏。下面是典型的几个精彩节目。

街头社火表演——跑旱船、走竹马、秧歌队，古城街头此时是载歌载舞，热闹非凡。

宫廷仪仗锣鼓——各种锣声隆隆作响，震耳欲聋；还有各种造型的芯子、高跷、竹马、耍狮、舞龙等节目也是精彩纷呈，好不热闹。

大型宫廷焰火——有起火、花筒、药火、星筒、纸炮 5 个品种，主要以低空杆为主，然后搭配上空中盘火和高空礼花，顿时天地交相呼应，世界五彩缤纷，美不胜收。

大型文艺节目——在这里还上演大型的音乐歌舞，比如《长安神韵》《长安瑰宝》《秦俑魂》《丝路风情》《凤鸣长安》等，这些节目都在以其壮观的气势，优美的音乐，还有精湛的表演向海内外游客展现着西安的辉煌历史。在西安古文化艺术节上还可以欣赏到具有陕西地方特色的秦腔、眉户、碗碗腔、木偶、皮影戏等精彩演出。另外，活动上还邀请了国内外知名的文艺团体前来演出，每届推出 10 多台优秀文艺节目，许多艺术家会聚在古城西安献艺，让游客一饱眼福。

　　古城墙艺苑——举行别开生面的古城墙夜景夜市入城式，来宾通过南门吊桥鱼贯而入，进入瓮城，然后登上古城墙，尽情观赏文艺、武术、气功和仿唐斗鸡表演等，还可以参与各种游乐项目，让游客在欣赏到精彩节目的同时，更能参与其中，乐在其中。

　　文化节上还有很多的民间工艺品和纪念品进行展销。比如富有地方特色的民间剪纸、泥塑、布贴、秦兵马俑仿制品，还有铜车马仿制品、瓷器、五毒马甲背心、唐三彩、柳编和秦绣品等等旅游纪念品琳琅满目，让人目不暇接。

　　西安古文化艺术节的举办，不仅弘扬了西安古文化，更带动了西安旅游业的发展，值得游客前来游玩。

附 录

8 条最值得推荐的西安自助游线路

线路 1：唐大明宫 — 革命公园 — 八路军办事处旧址

上午参观西安的城市中央公园"唐大明宫"，看一看金光闪闪的丹凤门，大气恢弘的含元殿，美轮美奂的太液池等，感受"千官望长安，万国拜含元"的壮观气势。下午可以先去游览革命公园，祭奠为北伐战争牺牲的英雄。之后可以去参观八路军西安办事处旧址，看看周恩来、邓小平等伟人用过的物品和其他文物，缅怀革命历史。

线路 2：兴庆宫 — 东大街 — 西安事变旧址 — 骡马市步行街 — 钟楼

上午先去游览兴庆宫公园，这里是唐玄宗（唐明皇）时代的国家政治中心所在，也是见证他和爱妃杨玉环（杨贵妃）爱情的地方。从兴庆宫公园出来，就到了历史悠久的东大街，大街边上的西安事变旧址和张学良公馆是必须去的地方。下午可以逛逛百年老街"骡马市步行街"，附近还有孔庙和碑林博物馆。累了还可以在秦腔茶楼里喝茶听秦腔。晚上可以去形制最大、保存最完整的钟楼，拍拍夜景，另有一番风味。

线路 3：西安古城墙 — 唐人街购物中心 — 都城隍庙 — 鼓楼 — 回民街

早上起来可以先去游览国内保存最完整的古城墙——西安古城墙。租辆自行车在古城墙上骑行一圈，很有一种穿越的感觉。感受过古城墙的历史沧桑后，去唐人街购物中心是不错的选择，买点东西吃吃饭，之后可以休息一会。下午首先可以去中国三大城隍庙之一的都城隍庙，祭拜一下城隍老爷纪信。之后可以去中国最大的鼓楼之一的西安鼓楼，见识一下歇山式重檐三滴水式建筑。傍晚可以去具有清真特色的回民街散散步，品尝不同风味的小吃。

线路 4：曲江寒窑遗址公园 — 曲江池遗址公园 — 唐城墙遗址公园

这条线路主要是欣赏曲江边几大具有人文特色的遗址公园，可以先从曲江寒窑遗址公园开始。公园内与爱情相关的景点众多，是一个爱情主题公园。接着可以游览曲江池遗址公园。作为中国古代风景园林的景点之作，它通过再现历史文化景观，使人感同身受。之后可以去看看唐城墙遗址公园，园内有许多高品位的艺术作品，可以边散步边欣赏这个开放式的唐文化艺术长廊。

线路 5：大雁塔·慈恩寺 — 大唐芙蓉园 — 大唐不夜城

清晨起来，可以先到大雁塔广场边的慈恩寺上炷香。慈恩寺是世界闻名的佛教寺院，也是中国佛教法相唯识宗的祖庭，迄今已有 1 350 余年历史。接着可以去看看大雁塔。大雁塔是中国佛教建筑的佳作，也是西安的标志性建筑，因此不能错过。之后就可以去大雁塔之侧的中国第一个全方位展示盛唐风貌的大型皇家园林式文化主题公园——大唐芙蓉园。园内景观及表演很多，建议多花些时间游玩。如果不想在园内看水幕电影，可以去大唐不夜城欣赏，这条 1 500 米横贯南北的中央雕塑景观步行街，立体展现了大唐帝国在宗教、文学、艺术、科技等领域的至尊地位并彰显大国气象，值得一看。

线路 6：秦始皇兵马俑 — 秦始皇陵

到了西安，怎么能不去看"世界第八大奇迹"——秦始皇陵呢！秦始皇陵是中国历史上第一位皇帝——秦始皇嬴政的陵墓。其恢宏的气势，不到现场的人是难以感受的。位于陵墓以东 1.5 千米处就是秦始皇兵马俑博物馆，这是世界上最大的地下军事博物馆。兵马俑以其巨大的规模，威武的场面，高超的科学、艺术水平使现代人惊叹不已。

线路 7：骊山公园 — 华清池

骊山国家森林公园位于陕西省西安市临潼县城南，可以花上大半天时间欣赏"骊山晚照"、烽火戏诸侯的"烽火台"、见证西安事变的"兵谏亭"等景点。之后可以去骊山北面的一座皇家宫苑——华清池游玩，感受亘古不变的温泉及皇家宫苑的气魄。晚上在这里还可以欣赏中国首部大型实景历史舞剧《长恨歌》，享受动人的爱情故事。

线路 8：小雁塔·荐福寺 — 西安音乐学院 — 陕西省历史博物馆

小雁塔位于西安市南门外的荐福寺内，这里是一处很精美的佛教建筑遗产。寺内环境幽静，风景秀丽，有着和大雁塔不同的韵味。之后可以去西北地区唯一的高等音乐学府——西安音乐学院，感受音乐的无穷魅力。整个下午就可以徜徉在陕西省历史博物馆了。它是中国第一座拥有现代化设施的大型国家级博物馆，收纳了青铜器等八大类藏品，藏有珍贵文物 37 万余件，被誉为"古都明珠，华夏宝库"。